Alain Mabanckou

Die Lichter von Pointe-Noire

Aus dem Französischen
von Holger Fock und Sabine Müller

liebeskind

jetzt reifen die Stunden
am Baum der Rückkehr
und die vom Staub des Bedauerns
schweren Lider
fallen zu

einst wird ein Junge geboren

Erste Woche

DIE WUNDERFRAU

Lange habe ich meine Leser im Glauben gelassen, meine Mutter lebe noch. Ich will mich bemühen, von nun an zur Wahrheit zurückzukehren, in der Hoffnung, diese Lüge abzuschütteln, mit der ich bisher meine Trauer nur aufgeschoben habe. Mein Gesicht ist noch immer von diesem Verlust gezeichnet, und selbst wenn es mir gelingt, die Narbe durch eine aufgesetzte Fröhlichkeit zu kaschieren, tritt sie wieder zutage, wenn mein lautes Lachen plötzlich verstummt und in meinen Gedanken die Silhouette jener Frau auftaucht, die ich nicht alt werden sah, die ich nicht sterben sah und die mir in meinen schlimmsten Albträumen den Rücken zuwendet und ihre Tränen vor mir verbirgt. Ganz gleich, auf welchem Kontinent ich mich befinde, sobald ich nachts eine Katze kreischen oder brünstige Hunde im Konzert heulen höre, sehe ich zum Himmel und denke wieder an eine der Legenden aus meiner Kindheit, an die Legende von der alten Frau, die wir im Mond zu sehen glaubten und die stets einen gut gefüllten Korb auf dem Kopf trug. Wir Jungen hoben nur leicht das Kinn und deuteten mit der Nasenspitze auf sie, denn wir waren überzeugt, dass man auf keinen Fall mit dem Finger auf sie zeigen oder den geringsten Laut von sich geben dürfe, sonst würde man am nächsten Tag taub, blind oder gar mit Elefantiasis oder lepromatöser Lepra aufwachen. Wir waren uns dennoch bewusst, dass es die Wunderfrau nicht auf

Kinder abgesehen hatte und dass die furchtbaren Krankheiten, mit denen sie die nach ihr Schielenden strafen konnte, den Erwachsenen galten, die versuchten, sie unverhüllt beim Baden in ihrem Wolkenfluss zu beobachten. Diese sittenlosen Strolche waren auf eine Handvoll Scharlatane hereingefallen, die behaupteten, allen, denen es gelang, einen Blick auf die unbekleidete alte Frau zu werfen, würden segensreiche Geschäfte und Glück im Alltag winken. Doch wir gehörten nicht zu denen, die irgendwelche Reichtümer erhofften, und aus eben diesem Grund duckten wir uns ins feuchte Gras und schlossen unsere Augen, damit die Frau nicht glaubte, wir wären auf dasselbe aus wie die Erwachsenen. Wahrscheinlich lachte sie dort oben über uns, denn sie konnte unsere tiefsten Gedanken lesen und wusste dank ihres untrüglichen Gehörs, dass wir da waren. Sie drehte sich um, schaute nach links und nach rechts und verschwand gerade in dem Augenblick, als wir uns auf den Bauch legten und vorgaben, tief zu schlafen. Wir wussten, dass sie in der Nähe war, dass sie uns heimlich beobachtete, und vielleicht gefiel ihr das, was für uns Teil eines Versteckspiels war.

Sie tauchte wieder auf, und wir sahen sie im Profil als einen von undurchsichtigen Wolken umstellten Schattenriss. Wir folgten mit den Augen ihrem langsamen Gang und erstarrten vor Schreck, wenn aus ihrem Tragekorb eine Myriade von Sternschnuppen herabfiel, ein richtiges Feuerwerk, das Signal für die Trommeln in der ganzen Gegend, die nun zu wirbeln begannen. Sicher kam in diesem Augenblick irgendwo ein Kind zur Welt, ein Kind, das nicht wusste, dass es seinen Atem dieser Frau verdankte, die sich unter der Last der Buße krümmte, aber die Fülle des Lebens auf Erden gewährte. Während sich am Himmelsgewölbe alles beruhigte und der Mond sich schließlich zurückzog, erloschen zur selben Zeit zwei oder drei Sterne im Flug, als wären sie von der Kugel eines hinter uns stehenden Jägers getroffen worden. Wir sahen uns traurig an: Irgendwo war jemand gestorben. Und wir knieten uns hin und murmelten mit auf die Brust gedrücktem Kinn: »Ruhe in Frieden ...«

Wer war diese Nomadin der Vollmondnächte, deren Gesicht keiner je gesehen hatte? Man erzählte sich, ihre Geschichte gehe auf die Zeit zurück, als Himmel und Erde in ständigem Streit lagen. Die Erde warf dem Himmel seinen Wankelmut, seine Launen, seine Stimmungsschwankungen und sein Tosen vor, während sich der Himmel über den Leichtsinn der Erde beklagte. Gott sollte den Streit schlichten, und er stellte sich auf die Seite des Himmels, weil er dort wohnte. Damals opferte sich die Wunderfrau und nahm alle Sünden auf sich, die dem Unterbewusstsein der Menschen entsprangen. Sie verhinderte damit eine Katastrophe und rettete die menschliche Rasse vor der Vernichtung. In der Jahreszeit, die diesem Sühneopfer vorausgegangen war, wurden mehrere Dörfer im Süden des Kongo von einer nie da gewesenen Dürre und Hungersnot heimgesucht. Tier um Tier verendete, während die Flora so karg war, dass selbst die optimistischsten Zauberer prophezeiten, der Wald von Mayombe werde binnen vier Monaten verschwinden und eine unerbittliche Wüstenlandschaft werde sich ausbreiten, in der niemand überleben könne. Buschfleisch gab es in jenem Jahr nur in der Erinnerung. Alles war recht, um verspeist zu werden, und einige Dorfbewohner machten ein Vermögen mit dem Handel von Geckos, Glühwürmchen, Ameisen, Schaben, Fliegen und Mücken. Nach zwei Monaten fand man auch dieses Getier, vor dem man sich sonst kaum retten konnte, nirgendwo mehr. In einigen Stämmen soll man sich, so ging das Gerücht, um den Leichnam unlängst verstorbener Stammesmitglieder gestritten haben, um wenigstens eine Woche lang satt zu werden.

Eine blinde Zauberin mit lahmen Beinen, die sich fortbewegte, indem sie sich auf dem Hintern über die Erde schob, hatte mit scheppernder Stimme die Auslöschung unseres Landstrichs verkündet. Die Zeiger der Zeit würden unseren Landstrich vergessen, prophezeite sie, sie würden in den kommenden Tagen um Mitternacht stehen bleiben. Am Tag nach dieser schicksalhaften Stunde sähen sich die Bewohner nach dem Aufstehen dann mit einer anderen Welt konfrontiert: Wasser wäre rar oder gar nicht mehr aufzufinden, Luftspiegelungen, Sandstürme würden sich häufen und eine tödliche Hitzewelle käme über das Land. Anfangs nahm man diese Voraussagen nicht ernst. Alle dachten, die blinde und lahme Zauberin sei in ihren Hirngespinsten gefangen, wie sonst war es zu erklären, dass sie jeden Abend vor ihrem Haus Bananen feilbot, die niemand kaufte, die aber dennoch immer weniger wurden? Woher hatte sie die Bananen, da doch im Süden des Landes die Wüste mehr als die Hälfte der Anbauflächen geschluckt hatte? Wer waren die Kunden, deren Zahl stetig anstieg? In Wirklichkeit war das der Anfang der allgemeinen Wahnvorstellungen, denn die Ware der Zauberin entsprang einzig der Einbildung der Dorfbewohner.

Eine Woche nach dieser sogenannten »Verkündung« wurden die ersten Anzeichen für das Ende der Zeiten immer deutlicher. Die Vögel ließen sich nicht mehr am Himmel blicken, der einem gähnenden Schlund glich, in dem man das Ausmaß eines göttlichen Zorns ausmachen konnte, dessen Beweggründe selbst die schlauesten Zauberer nicht durchschauten, die machtlos zusehen mussten, wie ihr Arsenal an Amuletten hartnäckig schwieg und keine Deutung zuließ. Diese Weisen fassten bei einer Vollversammlung einen Beschluss, der sogleich allgemeinen Protest hervorrief: Um den göttlichen Zorn zu besänftigen, sei es notwendig, eine Frau »auszuliefern« und ihr alle Sünden der Menschen aufzuladen, sagten sie. Männer besäßen diese Macht zur Erlösung nicht, Gott habe sie allein dem weiblichen Geschlecht übertragen, verkündete die erlauchte Versammlung. Das weibliche Geschlecht sah in dem Spruch eine missbräuchliche Anmaßung, und die meisten jungen Frauen winkten ab unter dem Vorwand, ihre Pflicht sei es, für Nachkommen zu sorgen. Nur die ältesten blieben übrig. Und auch sie waren der Ansicht, nur weil sie ihren Zenit überschritten hatten, könne man von ihnen ein solches Selbstopfer nicht erwarten, das auf dem Mist von Greisen gewachsen sei, die ihre Feigheit damit kaschierten, dass sie angeblich in Geheimwissenschaften eingeweiht seien. Was hätten sie außerdem jetzt, am Ende ihres Lebens, davon, und warum sollten sie sich für etwas opfern, das sie nicht mehr erleben würden? Während sich Männer und Frauen stritten, spitzte sich die Lage zu. Die Wüste hatte einen Großteil des Waldes von Mayombe geschluckt und bewegte sich mit großen Schritten auf die Landesmitte zu. Da alle versagten, kam die Wunderfrau von ihrer Hütte oben am Berg herunter und bot sich aus freien Stücken den Weisen an. In einer Vollmondnacht führten vier Weise aus dem Dorf Louboulou und sämtliche Zauberer sie weit, weit weg in das letzte Buschland, das es in der Gegend noch gab. Sündenbock für die einen, Sühneopfer für die anderen, hatte man ihr die Hände mit Lianen auf den Rücken gebunden. Die Gehässigkeit, mit der man sie herumstieß, zeigte, wie fest die Gemeinschaft davon überzeugt war, die Alte sei die Ursache für das Unglück, das über die Region gekommen war. Sie war nicht mehr nur eine Freiwillige, sondern die wahre Schuldige, die sich selbst verraten hatte, und mehr brauchte es nicht, damit einige nach der Peitsche griffen und sie mit zusammengebissenen Zähnen auspeitschten. Stoisch, ohne Widerworte ging sie ihren Leidensweg.

Die Gruppe gelangte an eine Wasserstelle, die so winzig war, dass man darauf wetten konnte, dass sie in den nächsten Stunden austrocknen würde. Der Vollmond streifte über die Wipfel der Bäume, die fast alle vor Trockenheit verdorrt waren. Das göttliche Auge hatte beschlossen, Zeuge dieses menschlichen Vergeltungsakts zu sein, und beleuchtete das Geschehen, als ein Zauberer mit zittriger Stimme die Anklageschrift verlas und im Namen des Gemeinwohls verkündete, die Alte werde von nun an in jener leuchtenden Scheibe wohnen und bis ans Ende der Tage einen Korb auf ihrem Kopf tragen. Fügsam, noch immer mit gefesselten Händen und zum Himmel gerichtetem

Blick, kniete das Opfer in der Wasserstelle nieder. Die Frau gab keinen Laut von sich, als einer der Zauberer mit einem Messer bewaffnet aus der Gruppe trat und es über ihrem Kopf erhob. Es herrschte Totenstille, dann schnitt er mit energischer und entschlossener Geste der Frau die Kehle durch. Sofort zog sich der Mond zurück und erschien erst im folgenden Monat wieder, und diesmal mit einer alten Frau in seinem Rund, die einen Korb auf dem Kopf trug. Zum Erstaunen der Bewohner im Süden des Landes.

Von nun an sollte am ersten Freitag des neuen Jahres ein Opferfest zum Gedenken an die alte Frau abgehalten werden. Die Vögel zogen erneut über unseren Himmel, es regnete eine Woche lang, es gab wieder reichlich Früchte und üppige Ernten, während es in den Flüssen vor Fischen wimmelte und im Buschland Tiere aller Arten sich tummelten und vermehrten …

*

Natürlich bin ich älter geworden, der Glaube aber bleibt erhalten, geschützt von einer Ehrfurcht, die der Versuchung durch die Vernunft widersteht. Und ich spüre diesen Glauben noch stärker, seit ich nach über dreiundzwanzig Jahren der Abwesenheit an die Stätte meiner Kindheit zurückgekehrt bin. In jeder Vollmondnacht packt mich die Angst und treibt mich hinaus. Überall um mich herum sehe ich die Umrisse der Gegenstände wie Schatten, die mich heimlich beobachten und sich darüber wundern, dass ich der Wunderfrau nicht huldige. Und ich schaue zum Himmel hinauf und denke, dass jene alte Zigeunerin vielleicht ihren ewigen Frieden gefunden und eine andere Frau ihre Stelle eingenommen hat, die ein wenig jünger ist als sie, eine Frau, die ich am besten von allen kenne und die ebenfalls zu einem solchen Opfer bereit gewesen wäre, Pauline Kengué, die mich geboren hat und die, ich sage und schreibe es jetzt, um ein für alle Mal jeden Zweifel auszuräumen, 1995 gestorben ist ...

DIE FRAU VON NIRGENDWO

Von meiner Mutter habe ich ihre hellbraunen Augen in bleibender Erinnerung. Ich musste sie in ihrer ganzen Tiefe ausloten, um die Sorgen aufzuspüren, die sie durch ein plötzliches Zusammenziehen ihrer Pupillen vor mir verbarg. Für sie war es ein Schutzreflex und für mich einer der Gründe, die erklärten, warum sie mir während meiner Kindheit nie wirklich direkt in die Augen gesehen hatte. Damals nahm ich mich vor ihren übertriebenen, überschwänglichen Freudenausbrüchen in Acht, die im Grunde ihren Kummer übertünchten und mir das falsche Bild einer Mutter vorspiegelten, die gegen die Widrigkeiten des Alltags gewappnet war. Ohne dass es mir gelang, suchte ich in den Handlungen, für die sie am wenigsten Kraft aufbrachte, nach Zeichen eines inneren Schmerzes und stieß stets auf die heitere Maske, die sie während ihres ganzen kurzen Daseins trug. Vor mir verletzlich zu wirken war für sie die größte Schande. Die meisten ihrer Unternehmungen hatten ein einziges Ziel: mir zu beweisen, dass sie imstande war, mit dem Segen unserer Ahnen jegliche Schwierigkeiten zu überwinden, wie damals, als sie träumte, ihre verstorbene Mutter N'Soko hätte an der Côte Sauvage fünfhunderttausend CFA-Francs im Sand vergraben, worauf sie sich bei Tagesanbruch mit verschlafenen Augen und ungekämmtem Haar dorthin begab. Sie stieß auf einen hübschen Batzen Geld, mit dem sie ihr Geschäft ankurbeln konnte. Wenn sie vom Grand Marché nach Hause kam und ihre Geschäfte nichts eingebracht hatten, war es das Gleiche, dann versuchte sie mich abzulenken, schickte mich fort, um einen Liter Petroleum oder Dochte zum Auswechseln für unsere beiden Sturmlampen zu kaufen, und schloss sich in ihr Zimmer ein, wo sie über ihre Ausgaben Buch führte. Sie merkte nicht, dass ich schon zurück war und hörte, wie sie Gebete murmelte, sich schnäuzte und immer wieder, von heftigem Schluchzen unterbrochen, den Namen meiner Großmutter aussprach. Ich wusste, dass es nicht der Unglückstag war, der sie in diesen Zustand versetzte, sondern eine Vogelscheuche, die hinter ihrer Schlafzimmertür stand und die mir mit ihrem Strohhut stets Angst einjagte. Ich hatte das Gefühl, sie sei ein menschliches Wesen, das uns auflauerte und sich wirklich bewegte. Ihre Lumpen glichen ineinandergeschlungenen Lianen, die schaukelten, sobald man ins Zimmer trat. Mein Mutter war dabei, als man diese Vogelscheuche in Louboulou baute und zum Schutz des Feldes in dessen Mitte aufstellte, nachdem Großmutter N'Soko zu ihrem Leidwesen entdeckt hatte, dass eine Armee erbarmungsloser Vögel ihr Maisfeld zur Hälfte geplündert hatte. Viele Jahre später, beim Tod der Großmutter, bestand Mama Pauline darauf, dass sie dieses Ding erbte, während ihre Geschwister, die sich über ihren beharrlichen Wunsch und ihre Gleichgültigkeit gegenüber materiellen Gütern wunderten, sich auf das Vieh und das Feld stürzten und sie verkauften, da keiner von ihnen im Busch bleiben wollte.

Ich durfte mich nicht in die Nähe dieser Vogelscheuche wagen, es sei denn auf ausdrückliche Anweisung meiner

Mutter. Musste sie mich noch daran erinnern, wo mich doch allein die Existenz dieser Gestalt einschüchterte, von der ich nicht wusste, wozu sie in unserem Haus gut sein sollte. Ich zitterte, wenn meine Mutter mir am Tag vor einer Klassenarbeit oder einer Prüfung am Ende des Schuljahres befahl, die Vogelscheuche zu grüßen, bevor ich mich auf den Schulweg machte. Da ich zögerte, mich dem Schreckgespenst zu nähern, sprach sie mir gut zu:

»Es wird dir Glück bringen und dir sagen, was du schreiben musst, damit du eine gute Note bekommst …«

Die Vogelscheuche, die wir Massengo nannten, hatte jeden unserer Umzüge in der Stadt mitgemacht. Als wir zur Miete im Stadtteil Fonds Tié-Tié wohnten, war sie da, festgeklemmt hinter der Zimmertür meiner Eltern. Das Jahr, in dem wir bei Tonton René wohnten, um sein Haus zu bewachen, während er sich beruflich im Ausland weiterbildete, begleitete uns Massengo ebenfalls. Als wir das Haus im Voungou-Viertel erwarben, war Massengo noch immer da. Bei jedem Neujahrsfest stellte meine Mutter einen Teller Schweinefleisch mit Kochbananen, das typische Gericht des Bembé-Stammes, vor die Vogelscheuche. Sie redete mindestens eine Stunde mit Massengo, um ihn darüber zu unterrichten, was wir im Laufe des Jahres geschafft und was wir uns für das neue Jahr vorgenommen hatten. Und später erfuhr ich, dass meine Mutter kein Bankkonto besaß, sondern ihre Ersparnisse in einem Loch aufbewahrte, das mit Massengos Lumpen bedeckt war, von dem es hieß, er habe die Macht, die Ersparnisse, die man ihm anvertraute, zu verzehnfachen. Ich glaubte daran, zumal meine Mutter nie auf dem Trockenen saß …

19

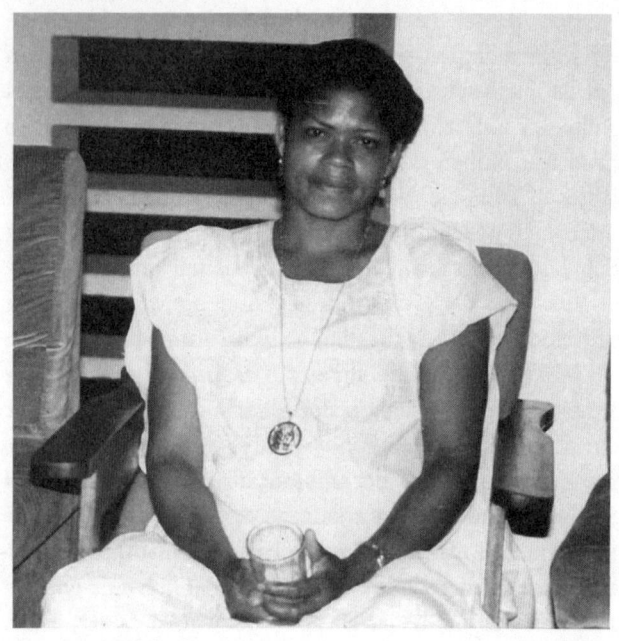

Trotz der Vorkehrungen, die sie traf, um ihre Sorgen nicht preiszugeben, gelang es Mama Pauline nicht, ihre Verletzlichkeit vor mir zu verbergen, wenn ich sie aus Ärger darüber, dass sie mich noch immer nicht ansah, obwohl ich mich aus Leibeskräften anstrengte, ihrem Blick zu begegnen, mit der Frage bedrängte, ob irgendetwas nicht stimmte. Natürlich beeilte sie sich, in Gelächter auszubrechen und mir zu versichern, meine Sorgen seien grundlos, ich könne doch sehen, wie gut es ihr gehe, schließlich lache sie ja, und jemand, der Sorgen habe, könne sicher nicht so entspannt und fröhlich sein wie sie. Und sie fügte ihrer kleinen Theatervorstellung stets noch ein Ablenkungsmanöver hinzu, das zu aufgesetzt wirkte, um spontan zu sein, und erzählte mir eine Geschichte, kam vom Hölzchen aufs Stöckchen, ohne diese Heiterkeit zu zügeln, die meine Angst noch steigerte und mich in meiner Auffassung bestärkte, dass sie in Schwierigkeiten steckte.

Ich hörte ihr nur mit halbem Ohr zu, aber sie bemerkte es sofort:

»Du lachst nicht mit mir? War die Geschichte von dem Ferkel, das mit zwei Rüsseln, aber nur einem Nasenloch zur Welt kam, nicht lustig?«

Ich erwiderte nichts darauf. Ich starrte zur Decke, dann schlug ich die Augen nieder. Jetzt war sie an der Reihe, sich um mich zu sorgen, denn innerhalb von wenigen Sekunden hatte sich wie durch Ansteckung ein dunkler Schleier über mein Gesicht gelegt, war ich doch immer fester davon überzeugt, dass jemand ihr Böses wollte oder dass es ihr trotz der Vogelscheuche Massengo und ihren Kräften nicht mehr gelang, die Schulden zurückzuzahlen, die sie aufgenommen hatte, um die Gewerbesteuer für ihren Stand auf dem Grand Marché bezahlen und unbeschwert arbeiten zu können. Mit elf Jahren wusste ich bereits, dass diese Abgabe vielen Familien das Genick gebrochen hatte, in denen die Mütter darüber verzweifelten, dass man ihnen wegen einer verspäteten Zahlung das Recht zum Verkauf ihrer Erdnüsse entzog. Sie kamen am Morgen und trafen vor ihrem Verkaufstisch entschlossene städtische Beamte an. Der Begriff Verhandlung kam im Wortschatz dieser Höllenhunde nicht vor. Sie wurden dafür bezahlt, die Marktfrauen zu vertreiben, um Platz zu machen für jene, bei denen die Händlerinnen sich verschuldet hatten. Entweder bezahlten die Marktfrauen, indem sie sich bei anderen Geld liehen, oder sie gingen nach Hause und wussten nicht, wie sie ihre Kinderschar ernähren sollten, die auf sie wartete und keine Ahnung hatte, welche Sorgen ihre Mama quälten. Doch meine Mutter gehörte zu keiner der beiden Kategorien, sie rechnete fest damit, dass sie ihre Abgaben fristgerecht entrichten konnte.

Ihre traurige Stimmung reichte weit zurück, und ihr Blick, der, selbst wenn sie in Wut geriet, weder hart noch gehässig war, verriet ihren Dickkopf angesichts der vielen Hindernisse, die sie, die bescheidene Bäuerin aus Louboulou, einem Nest auf roter Erde, wo Mais, Rüben, Jams, Bananen angebaut und Schweine gezüchtet wurden, überwinden musste. Um diesen Landstrich zu vergessen, wo der Kerl, der sie hätte heiraten sollen, sich wortlos aus dem Staub gemacht und sie wenige Monate vor meiner Geburt ihrem Schicksal überlassen hatte, beschloss sie wie eine Frau von nirgendwo, im brummenden Pointe-Noire zu leben, jener Küstenstadt, der ich dieser Tage einen Besuch abstatte und die damals gegenüber den Neuankömmlingen mit ihren von der Feldarbeit verdreckten Füßen kein Erbarmen kannte. In ihren Augen war ich die Fortsetzung ihrer Existenz, der Lichtschimmer am Ende eines endlos langen Tunnels. Ich war das unleugbare Zeichen einer Unsterblichkeit, die sie endlich erlangt hatte, als ich mich in jener brennend heißen und zugleich eisigen Nacht des 24. Februar 1966, in der es dem Mond schwergefallen war, die Finsternis zu vertreiben, während die Hähne ungeduldig darauf warteten, einen neuen Tag zu verkünden, in einem baufälligen Entbindungshaus im Bezirk Mouyondzi aus ihrem Bauch befreit hatte. Ungläubig vor Glück, das die Erinnerung an das Debakel mit meinem Erzeuger kaum schmälerte, legte sie damals voller Angst ihre fiebrigen Hände auf meine Brust, prüfte, ob ich atmete, ob ich keine Erscheinung war, die sich davonmachte, sobald sie sich umdrehte. Man musste ihr gut zureden, damit sie es der Krankenschwester überließ, das Neugeborene zu waschen, das sie in ihre Arme schmiegte. Denn sie fürchtete bei all dem, dass ich meinen beiden älteren Schwestern folgen könnte, die bei der Geburt gestorben waren, ohne dass es ihr je gelungen war, das Rätsel ihres frühen Abschieds zu lösen. Vielleicht hatten diese beiden Engel von der Prophezeiung einer Cousine unserer Mutter gehört, die sich aus Neid hatte hinreißen lassen, öffentlich zu verkünden, das Schicksal von Mama Pauline werde das düsterste der Familiengeschichte sein. Mit ihrer Lästerzunge hatte diese Cousine meiner Mutter prophezeit, sie würde keine Kinder haben, allein in einer Hütte sterben, und sollte sie durch eine glückliche Fügung des Schicksals doch ein Kind bekommen, würde es ein undankbarer Knabe sein, der mit zwanzig Jahren das Land verlassen und an dem Tag, an dem sie ihren letzten Seufzer täte, Tausende Kilometer fern von ihr sein würde. Dieser Junge würde ihr also nicht gehören, er würde nur vorübergehend bei ihr bleiben und in den nächstbesten Bauch umziehen, den er auf seinem Weg finden würde.

Doch mit dem Handrücken fegte meine Mutter diese Prophezeiung hinweg, buchte sie auf das Konto einer kinderlosen Verwandten, die auf die Fruchtbarkeit anderer

23

neidisch war, und zog mit einem Kind im Arm und der in Bananenblätter verpackten Vogelscheuche von Großmutter N'Soko nach Pointe-Noire. Sie trug einen Pagne um die Hüften und zeigte damit, dass sie selbst in großer Verzweiflung entschlossen war, ihren Stolz zu bewahren. Ihr Weg war lang, wie bei einer Sinuskurve ging es auf und ab bis zu jenem Tag, an dem sie einem anderen Mann begegnete. Er sollte mein Vater werden, mein wahrer Vater in meinen Augen, dem ich instinktiv meine kleinen Hände entgegenstreckte, bis ich zu lächeln anfing, weil ich spürte, dass ich mich vom Boden löste und, angehoben von einer unbezwingbaren, unvergleichlichen Körperkraft, seiner Kraft, das Gesetz der Schwerkraft überwand, um auf seinen Schultern Platz zu nehmen, während meine Beine seinen Hals umklammerten. An diesem Tag hörte man mich die beiden magischen, gleichlautenden Vokale sprechen, die durch zwei Zwillingskonsonanten verflochten sind: »Papa«. Dieser Mann, den ich in meinem autobiografischen Roman *Morgen werde ich zwanzig* voller Ehrerbietung »Papa Roger« genannt habe, ruht auf dem Friedhof Mont-Kamba in einem Grab neben dem meiner Mutter …

GEH UND LEBE!

1995 erhielt ich die Nachricht vom Tod meiner Mutter. Ich war Student und wohnte seit über sechs Jahren in einem kleinen Einzimmerapartment in der Rue Bleue im 9. Pariser Arrondissement. Man erwartete mich in Pointe-Noire zur Begräbnisfeier, das Telefon klingelte pausenlos. Ein Cousin drängte mich zur Anreise. Meine Tante Dorothée drohte, sich umzubringen, wenn ich nicht käme. Mein Cousin Kihouari brüllte, es drohe Unheil, wenn ich nicht ins erste Flugzeug stiege.

Ich nahm das Telefon nicht mehr ab. Ich war wie gelähmt von der Nachricht, und die drängenden Bitten aus mehreren Tausend Kilometern Entfernung bewirkten, dass ich mich immer mehr verschanzte. Die Welt kam mir vor wie eingeschnürt, während die Zeit stehen geblieben war. Selbst wenn ich in unserem Haus die Treppe hinaufstieg, ging ich an meinem Apartment vorbei und kam in den sechsten Stock, obwohl ich im zweiten wohnte.

Ich trat die Reise nicht an.

In Wirklichkeit fürchtete ich mich, vor dem Leichnam jener Frau zu stehen, die ich lächelnd und voller Leben zurückgelassen hatte. Meine Angst, sie als Tote wiederzusehen, wurde von einer Haltung gespeist, die in meine Kindheit zurückreichte. Damals hatte ich wie viele Kinder meines Alters panische Angst vor Leichen, besonders davor, dass man sie mitten auf dem Hof aufbahrte, damit die

Anwohner kamen, um ihnen die letzte Ehre zu erweisen. Dann nämlich musste jeder an dem Verstorbenen vorübergehen, sich bis auf wenige Millimeter zu ihm hinabbeugen und ihm einige Abschiedsworte zuflüstern. Vor dieser Nähe fürchteten wir uns, denn in unserem Denken irrten die Toten zuerst einige Zeit auf der Erde umher, und während sie auf ihren endgültigen Abschied warteten, erschreckten sie gerne die Lebenden, besonders Kinder, die sie während der Begräbnisfeier gesehen hatten. Warum Kinder? Weil die Verstorbenen ihre Unschuld brauchten, um die Tage bis zu ihrem endgültigen Abschied von der Welt zu überleben.

Wir fürchteten uns auch vor dem Leichenwagen und seiner schwarzen Farbe. Wenn er in der Straße vorbeifuhr, schlossen wir die Augen, denn wir waren überzeugt, dass der Tote durch die Scheibe nach uns schielte und sich unsere Gesichtszüge merkte. Manche schlotterten, machten sich vor Angst in die Hose und verloren für mehrere Tage ihre Stimme. Andere träumten nur noch von dem Verstorbenen und wurden im Schlaf von Wahnvorstellungen verfolgt, in denen sie Gestalten mit Hörnern, Vampirzähnen und langen Schwänzen sahen, die den gängigen Teufelsdarstellungen entsprachen. Ich besuchte solche Totenwachen im Viertel übrigens nicht mehr. Der Anblick einer leblosen, grell geschminkten, mit *Mananas* parfümierten Person – dieser Duft wurde bei solchen Anlässen versprüht –, die mit über der Brust gekreuzten Armen dalag, versetzte mich in eine solche Aufregung, dass ich noch wochenlang daran dachte und überzeugt war, nach Anbruch der Dunkelheit dem Geist des Verstorbenen zu begegnen.

Auch wenn es sich dieses Mal um meine Mutter handelte, gelang es mir nicht, meine Furcht zu überwinden, und ich fand sogar, dass der Mangel an finanziellen Mitteln für den Flug ein Alibi war, um mich ohne Gewissensbisse dieser Pflicht entledigen zu können. Ich ertrug es nicht mehr, mich im Spiegel anzusehen, aus Angst, dass sich darin das Gesicht der Undankbarkeit gegenüber jener Frau spiegelte, die mich geduldig in ihrem Sarg erwartete, während andere Verwandte um sie herumstanden und sich über meine Abwesenheit entrüsteten.

An diesem Unglückstag, an dem ich mich in meinem Zimmer im Kreis drehte und jene der Verstorbenen gewidmeten Gedichte verfasste, die unter dem Titel *La légende de l'errance* (»Die Legende von der Irrfahrt«) veröffentlicht wurden, kam ich immer wieder auf ihre Worte zurück. Ich erlebte noch einmal unsere letzte Begegnung 1989, einige Stunden vor meiner Abreise nach Frankreich, wo ich an der Juristischen Fakultät von Nantes mein Studium fortsetzen sollte. Um sich von mir zu verabschieden, hatte sie über fünfhundert Kilometer zurückgelegt und war nach Brazzaville gekommen, wo ich mich seit einer Woche aufhielt.

In einer Bar im Moungali-Viertel, nicht weit entfernt vom Haus der *Anciens Combattants*, saßen wir einander gegenüber. Mit finsterem Blick und so aufgewühlt, dass es ihr die Kehle zuschnürte, brachte sie kaum zwei zusammenhängende Worte heraus. Ich verkroch mich in ihre Arme und hörte sie »Papa« sagen, ihre Art, mir ihre Zuneigung zu zeigen. Eine Weile schwiegen wir, dann sah ich, dass sie weinte …

Als sie ihre Stimme wiederfand, erzählte sie von den Konzerten unseres Staatsorchesters, *Les Bantous de la Capitale*, in den Sechzigerjahren, und vor allem von *Les Trois Frères*, dem Orchester von Youlou Mabiala, Loko Massengo und Michel Boyibanda.

»Das war unsere große Zeit«, meinte sie, »wir trugen Miniröcke und Stöckelschuhe, während die Männer Schlaghosen und Salamander-Schuhe anhatten. Pointe-Noire war für seine *Ambiance*, seine Szene, bekannt und alle hatten Arbeit. Es kamen sogar immer mehr Leute aus Zaire, denen man sonst nur in Brazzaville begegnete, weil sie dort von Kinshasa aus den Kongo überquerten …«

Ich nickte zustimmend, während sie fortfuhr:

»Jetzt hat die Stadt keine *Ambiance*, es gibt keine Musik mehr, die jungen Leute machen eher Lärm und singen nicht. Ich höre mir ihre Musik sowieso nicht mehr an, ich bekomme Kopfschmerzen davon …«

Der Kellner kam vorbei, er trug eine abgewetzte, zerrissene Hose. Mit missmutig zusammengekniffenen Lippen warf meine Mutter ihm einen vernichtenden Blick zu:

»Die Leute ziehen sich nicht mehr ordentlich an! Schau dir den jungen Mann an, der uns bedient, das ist doch keine Kleidung! Ich sage dir, dieses Land liegt am Boden! Es ist gut, dass du gehst und das alles hinter dir lässt …«

Diese Abschweifungen hatten keinen anderen Zweck, als ihren Schmerz über die Trennung zu lindern und sie vergessen zu lassen, dass wir für lange Zeit voneinander getrennt sein würden. Wir saßen in der Bar, in der wir uns gewöhnlich trafen, wenn ihre Geschäfte sie nach Pointe-Noire führten. Ich war in den ersten Studienjahren und wohnte mit meinem Cousin Gilbert Moukila in einem Appartement in Brazzaville. Jedes Mal wenn sie kam, fiel meinem Cousin und mir ein Stein vom Herzen: Sie ließ uns ein wenig Geld da, sodass wir nicht mehr auf das staatliche Stipendium warten mussten, das nur tröpfchenweise ausbezahlt wurde und mit dem wir sowieso kaum über die Runden kamen. Sie überreichte jedem von uns dieselbe Summe, dreißigtausend CFA-Francs, so viel wie das Stipendium. Genug, um den Monat zu überstehen und ohne Sorgen auf den nächsten zu warten.

»Du gehst also nach Frankreich, das steht fest, oder?«, setzte sie an und unterbrach meine umherschweifenden Gedanken.

»Eigentlich …«

»Du brauchst dich nicht zu entschuldigen, Adèle hatte recht!«

»Adèle?«

»Meine Cousine in Louboulou, die mit der Lästerzunge, die meinte, ich würde kein Kind bekommen. Ich habe dir oft von ihr erzählt … Ich weiß, du sprichst nicht gerne von ihr …«

»Aber ich bin doch da! Ich bin dein Kind!«

»Ich weiß, aber diese Cousine hat auch gesagt, dass ich vielleicht nur einen Sohn hätte, der weit weggehen würde, sehr weit weg von mir, und dass ich allein in einer Hütte sterben würde wie jemand, der keine Familie hat … Ich habe niemand anderen auf der Welt als dich, und sag, hast du mich wirklich geliebt?«

»Was für eine Frage! Natürlich!«

»Du sagst das, um mir eine Freude zu machen, es ist

nicht schlimm! Ich habe aber den Eindruck, dass du froh darüber bist, zu den Weißen zu gehen, du weißt nicht, wie sehr mich das schmerzt, so etwas habe ich nicht verdient ...«

»Ich bin überhaupt nicht froh und ...«

»Was soll aus mir werden ohne dich? Alle werden sich über mich lustig machen, alle werden die Leere um mich herum sehen, begreifst du, was ich dir sagen will?«

Sie trank einen Schluck Bier und flüsterte:

»Warum tun sie mir das an?«

Da ich nicht wusste, wen sie dieses Mal meinte, wagte ich mich vor:

»Wen meinst du?«

»Frankreich und den Kongo! Sie haben sich gegen mich verschworen, um mir meinen Sohn zu rauben, den einzigen Grund, weshalb ich noch am Leben bin! Es gibt in diesem Land viele Kinder, warum nehmen sie nicht die und schicken sie an deiner Stelle nach Frankreich? Ich bin an einem Punkt, an dem ich eigentlich schon tot bin ...«

Resigniert goss sie den Rest aus ihrer Flasche in ihr Glas, trank es in einem Zug aus, rückte ihren Hut zurecht.

»Enttäusche mich nicht, mein Kleiner, ich habe alles getan, um eine vorbildliche Mutter zu sein ...«

Sie öffnete ihre Handtasche und zog ein Bündel Geldscheine heraus.

»Nimm das, das sind alle meine Einnahmen aus diesem Monat, du wirst es dort brauchen ... Ich habe noch ein paar Scheine übrig, die ich deinem Cousin Gilbert geben werde.«

Wir saßen schon fast eine Stunde in der Bar. Stockend hatte sie fast alle Toten der Familie aufgezählt. Tonton Albert, der im staatlichen Elektrizitätswerk gearbeitet hatte. Großmutter N'Soko, Gott hab' sie selig, die mich nur ein einziges Mal gesehen hatte. Großvater Grégoire Moukila, der einhundertzwölf Jahre alt wurde und Dorfchef von Louboulou war, jenem Nest irgendwo in der Region Bouenza, aus dem unsere ganze Sippschaft stammte. Und natürlich, nicht zu vergessen, meine beiden Schwestern, die einige Stunden nach ihrer Geburt gestorben waren.

»Vergiss nicht die Angehörigen, die von uns gegangen sind. Und wenn du eines Tages deinen eigenen Schatten nicht mehr siehst, wirst auch du aufgehört haben zu leben …«

Sie hielt kurz inne und schwieg, bevor sie ihren Satz beendete:

»… und dann wirst du in einer anderen Welt sein wie unsere Vorfahren, die nicht mehr hier sind, die uns aber weiterhin Tag und Nacht beschützen …«

Draußen ging der Tag zu Ende. In der Kneipe konnte ich die Gesichtszüge meiner Mutter nicht mehr erkennen. Nur ihre feuchten Augen leuchteten noch im Raum. Ich hörte ihren rasenden Herzschlag. Die Stille errichtete eine Mauer, an der keiner mehr rütteln wollte. Ohne zu sprechen, sagten wir uns beinahe alles. Sie gab etwas an mich weiter, und ich wusste nicht, was. Ich riss mich zusammen, um diesen Augenblick nicht zu zerstören, den ein einziges Wort verdorben hätte.

Sie atmete lang aus, wie um Mut zu schöpfen, und stand schließlich auf.

»Enttäusche mich vor allem nicht …«

Sie stand jetzt vor dem Eingang zur Bar, und ich war hinter ihr wie ein Schatten. In ihrem Blick las ich, was sie nicht laut zu sagen wagte: Sie hatte mich endgültig verloren.

Sie rief ein Taxi herbei, das gegenüber der Gaststätte gewartet hatte. Das Fahrzeug schoss über die Straße, ohne die Vorfahrt zu beachten, und bremste direkt vor meiner Mutter, die sich hineinstürzte.

Ich stand zur Salzsäule erstarrt am Eingang der Bar.

Sie kurbelte die Scheibe herunter:

»Werde zu dem, der du werden willst, und merke dir eines: Heißes Wasser vergisst nie, dass es einmal kalt war …«

Das Taxi raste davon. Ich blickte ihm hinterher, wie es sich zwischen den Autos hindurchschlängelte, die in Richtung des Kreisverkehrs Ballon-d'Or im Stau standen.

Das war das letzte Mal, dass ich meine Mutter sah …

ARABISCHE NÄCHTE

Ja, ich habe die Welt lange im Glauben gelassen, meine Mutter lebe noch. Ich hatte sozusagen keine andere Wahl, denn ich war diese Art von Lügen gewohnt, seit ich in der Grundschule meine zwei älteren Schwestern wieder zum Leben erweckt hatte, um dem Spott meiner Klassenkameraden zu entgehen, die sich ihrer großen Familien rühmten und anboten, meiner Mutter Sprösslinge aus ihrer Sippe zu »leihen«. Besessen von dem Wunsch, dass ihrem Bauch ein weiteres Kind entspringe, hatte sie die angesehensten Ärzte der Stadt und die meisten traditionellen Heiler aufgesucht, die angeblich Frauen behandelt hatten, die seit mindestens zwanzig Jahren unfruchtbar waren. Enttäuscht von der Medizin der Weißen, hereingelegt von Gaunern aus den Vierteln von Pointe-Noire, die mit ihrer Zauberei noch nicht einmal eine Kratzwunde heilen konnten, hatte meine Mutter sich schließlich damit abgefunden, nur ein einziges Kind zu haben, und darin Trost geschöpft, dass es auf der Welt Frauen gab, die gar kein Kind hatten und die an ihrer Stelle höchst zufrieden gewesen wären. Dennoch konnte sie es nicht mit dem Handrücken vom Tisch wischen, dass die Gesellschaft, in der sie lebte, eine Frau mit nur einem Kind als ebenso unglücklich erachtete wie eine kinderlose. Ein einziger Sohn war unter diesen Umständen die Pest. Er war die Ursache für das Unglück seiner Eltern, denn er hatte den Bauch seiner Mutter »verschlossen«, um Einzelkind zu bleiben und die Vorteile dieses schändlichen, in Verruf stehenden Privilegs auszukosten. Ganz abgesehen davon, dass man ihm höchst außergewöhnliche Kräfte zusprach: Ein Einzelkind konnte es regnen lassen, den Regen stoppen, bei seinen Feinden Fieber hervorrufen, dafür sorgen, dass deren Wunden nicht mehr heilten. Wenn es nicht sogar die Erdrotation beeinflussen konnte.

Gutgläubig, aber vergeblich, suchte ich nach den verborgenen Gaben, die mir zugeschrieben wurden, bis ich zu dem Schluss kam, dass ein Einzelkind nichts weiter besaß als das heimliche Glück, das es aus der beständigen Sorge seiner Eltern zog, es könnte von ihnen gehen. Die waren nämlich überzeugt, dass es einer anderen Welt angehörte, dass es sich in ihrer Welt langweilte und dass alles Spielzeug dieser Welt seine Sehnsucht nicht stillen konnte. Deshalb waren diese Schwestern, die ich in jeder Hinsicht wieder zum Leben erweckte, mein einziger Schutzpanzer, das ständige Personal einer Fantasiewelt, in der ich mich wohlfühlte, in der ich mich wie nirgendwo sonst als Erwachsener aufführen konnte und nicht anderen die Aufgabe überlassen musste, sich um mich zu kümmern.

Wenn ich diese Schwestern meinen Schulkameraden gegenüber erwähnte, übertrieb ich natürlich. Ich gab vor, sie seien erwachsen, schön und klug. Selbstsicher fügte ich hinzu, sie trügen Kleider in Regenbogenfarben und verstünden die meisten Sprachen der Welt. Und um die letzten Verleumder zu überzeugen, behauptete ich, sie würden in einem roten Citroën DS Cabrio fahren, mit einem Boy als Chauffeur, und würden häufig das Flugzeug nehmen, Meere und Ozeane überqueren. Dass ich gepunktet hatte, merkte ich, als es Fragen hagelte:

»Dann bist du also mit deinen Schwestern in diesem Citroën DS gefahren?«, meinte der argloseste meiner Klassenkameraden mit gierig glänzenden Augen.

Ich fand schnell ein unschlagbares Alibi:

»Nein, ich bin zu klein, aber sie haben mir versprochen, mich mitzunehmen, wenn ich so groß bin wie sie …«

Ein anderer, den mehr der Neid plagte, versuchte mir zu widersprechen:

»So ein Quatsch! Seit wann muss man groß sein, um in einem Auto zu fahren? In Autos habe ich schon Kinder sitzen sehen, die waren kleiner als wir!«

Ich ließ mich nicht aus der Ruhe bringen:

»Und saßen diese Kinder in einem Citroën DS?«

»Äh … nein… Es war ein Peugeot …«

»Na, also … Für ein Citroën DS Cabrio muss man älter sein, weil es ein schnelles Auto ist, und das ist gefährlich, wenn du noch klein bist …«

Da niemand diese Schwestern je gesehen hatte und ich mit Fragen von einer Schar immer neugierigerer Knirpse bombardiert wurde, deren Skepsis im Gleichschritt mit meinem Lügengebäude immer größer wurde, gab ich vor, meine Schwestern seien in Europa, Amerika oder gar Asien und dass sie in den Ferien, während der Trockenzeit zurückkämen.

»Stellst du sie uns dann vor? Vielleicht können sie mit uns spielen?«, fragten mich meine Klassenkameraden im Chor.

35

»Klar stelle ich sie euch vor, aber sie sind zu alt, um mit uns zu spielen …«

In der Reuse meiner eigenen Fiktionen gefangen, glaubte ich bald mehr als meine Klassenkameraden an meine älteren Geschwister und wartete unerschrocken auf ihre Rückkehr. Ich schielte nach Flugzeugen, hielt in der Stadt Ausschau nach einem Citroën DS, stieß aber zu meiner großen Verzweiflung nie auf ein Cabrio. Als ich eines Tages eines entdeckte, war meine Enttäuschung groß: Es war schwarz und wurde von einem weißen Paar gefahren, und kein einziges Kind saß darin …

Auf dem Schulweg oder wenn meine Mutter mich losschickte, im Viertel Salz oder Petroleum zu kaufen, konnte man hören, wie ich Selbstgespräche führte. Da ich in Gedanken viele Stunden mit meinen Schwestern verbracht hatte, sah ich sie bald abends die Tür zu unserem Haus öffnen, eintreten und auf die Küche zusteuern, wo sie in den Töpfen nach Resten der Mahlzeit suchten, die meine Mutter gekocht hatte. An dem Tag, als ich meiner Mutter zuflüsterte, dass meine Schwestern uns besucht und nichts zu essen gefunden hätten, schwieg sie einen Moment, als ob ihr das völlig normal erschiene und sie sich wunderte, dass ich bisher noch nichts von diesen nächtlichen Besuchen mitbekommen hatte, dann sagte sie:

»Hast du nicht bemerkt, dass ich jeden Abend zwei Teller mit Essen vor die Haustür stelle?«

»Ich dachte, sie sind für Miguel …«

Sie unterdrückte ein Lachen:

»Nein, das tue ich nicht für unseren Hund, auch wenn er ab und zu frisst, was deine Schwestern übrig lassen.«

»Eine trug ein gelbes Kleid und die andere eine grüne Bluse und …«

»Pssst! Sprich mit niemandem darüber, nicht einmal mit deinem Vater, sonst kommen sie uns nicht mehr besuchen …«

Am Tag nach unserer Unterhaltung stellte meine Mutter zwei Teller mit Rindfleisch und Bohnen und zwei Gläser Orangensaft auf die Seite. Ich stand hinter ihr und achtete darauf, dass meine Schwestern dasselbe zu essen bekamen wie ich und dass die Mahlzeit gleichmäßig unter den beiden aufgeteilt war, damit sie sich nicht stritten. Als ich bemerkte, dass ein Teller voller war, legte ich ein Stück Fleisch von einem Teller auf den anderen, um die Portionen auszugleichen, worüber meine Mutter zufrieden lächelte.

Am Morgen stürzte ich zur Tür und stellte fest, dass beide Teller noch am selben Platz standen, wo meine Mutter sie hingestellt hatte. Meine Schwestern hatten ihre Mahlzeit nicht angerührt. Als Mama Pauline aus dem Schlafzimmer kam, stellte ich sie zur Rede:

»Sie haben nichts gegessen!«

»Natürlich haben sie gegessen …«

»Die Teller sind noch voll!«

»Das ist normal … Du glaubst, es sei noch Essen in den Tellern, aber in Wirklichkeit ist nichts darin, sie sind leer.«

»Ich sehe doch, dass sie voll sind!«

Und als ob sie diese Unterhaltung beenden wollte, die sich noch lange hätte hinziehen können, fragte sie mich:

»Wenn etwas zu essen auf diesen Tellern ist, sag, warum hat dann Miguel nichts davon gefressen?«

»Ich weiß nicht … und …«

»Hunde sehen, was wir Menschen nicht sehen. Miguel weiß, dass nichts mehr in den Tellern ist, deine Schwestern haben tüchtig zugeschlagen …«

Eines Abends, als ich mich über einen Apfel freute, den mein Vater mir aus dem Victory Palace Hotel mitgebracht hatte, wo er als Rezeptionist arbeitete, hielt ich es für richtig, ihn zum Zeichen meines Danks in das Geheimnis der Besuche meiner Schwestern einzuweihen.

»Ich schwöre dir, ich habe sie mit eigenen Augen gesehen wie dich jetzt, Papa! Außerdem sehen wir Menschen es nicht, wenn sie gegessen haben, nur Hunde können es sehen! Glaubst du mir das?«

Er hörte mir ohne ein Wort der Widerrede zu, und ich geriet immer mehr in Fahrt, ahmte sogar den Gang meiner älteren Schwestern nach. Am Schluss meines sehr zerfaserten Berichts, den er für die Fantasterei eines redseligen Dreikäsehochs hielt, fühlte ich mich schuldig, weil ich zu viel verraten und den Pakt mit diesen beiden Personen gebrochen hatte.

»Ich möchte nicht, dass du Mama verrätst, was ich dir im Geheimen erzählt habe. Sie wird sonst wütend auf mich sein ...«

Ich spürte, dass er mit meiner Mutter darüber sprechen würde, denn er versprach nichts. Er schüttelte sogar den Kopf, bevor er zu meiner Mutter ins Schlafzimmer ging. Ich hörte Gelächter, und dann sagte Mama Pauline leise:

»Lach nicht so laut, er kann uns hören ...«

In Wirklichkeit hatte ich gerade jene Unbefangenheit verloren, die es mir immer ermöglicht hatte, zwischen Wirklichkeit und Fantasie hin- und herzusegeln, beide Welten zu vermischen, ohne deswegen von der Mauer des Zweifels aufgehalten zu werden, für den immer die Erwachsenen zuständig gewesen waren. War mir von nun ab das Glück versagt, mich mit diesen beiden Schwestern zu unterhalten, weil ich meine Zunge nicht im Zaum gehalten hatte? Ich litt schwer darunter.

Wenn ich in den folgenden Tagen mitten in der Nacht aufstand, um heimlich meinen Schwestern aufzulauern, traf ich stets Miguel an. Zitternd, mit gesträubtem Fell zeigte der Köter mit der Schnauze in Richtung Straße, um mir zu bedeuten, dass die beiden Gestalten gerade weggegangen waren, weil sie nicht mehr mit mir sprechen wollten, seit ich Papa Roger von ihren nächtlichen Besuchen erzählt hatte. Ich ärgerte mich darüber und sah Papa Roger seitdem mit anderen Augen. Ich glaube, ich lernte von diesem Augenblick an, Stillschweigen zu bewahren, und dass die Dinge nur schlimmer wurden, wenn man sie nicht für sich behielt. Ich erzählte meinen Schulkameraden immer seltener von meinen Schwestern, und meine Schulkameraden fragten nicht weiter nach ihnen. Alles war vorbei, das wussten sie, und es wurde Zeit, dass ich ein Junge wie jeder andere wurde.

Vor der Tür zu unserem Haus sitzend, beobachtete ich Miguel, dessen feuchter Blick ebenso traurig war wie der meine. Wenn er mit dem Schwanz wedelte, verstand ich nicht mehr, was er mir sagen wollte. Sicher bemühte er sich, mich zu trösten. Konnte er mir helfen, diese Begeisterung wiederzufinden, die mich bei der Vorstellung ergriff, dass auch ich jener anderen Welt angehörte, die er dank seiner Hundeschnauze und des Instinkts, den Gott ihm anstelle der Sprache gegeben hatte, wahrnehmen konnte?

Um mein Ansehen bei meinen Schwestern wiederherzustellen, aß ich heimlich die Mahlzeiten auf, die meine Mutter weiterhin jeden Abend für sie neben die Tür stellte, und sagte mir, dass alles, was in meinem Bauch landete, auch in ihrem ankam. Verblüfft über die leer gefegten Teller, suchte Mama Pauline am Morgen die

Schuld bei Miguel, während dieser mir einen glühenden, vorwurfsvollen Blick zuwarf. Eine kleine Streicheleinheit beruhigte ihn jedoch sogleich, denn er allein war in der Lage, den Abgrund meines Kummers zu ermessen ...

DER RUHM MEINES VATERS

Mein Vater war klein, meine Mutter überragte ihn um zwei Köpfe. Es war beinahe lachhaft, wenn sie gemeinsam, sie hinter ihm, unterwegs waren, oder wenn sie sich küssten und er sich auf die Zehenspitzen stellte. Für mich war er ein Riese, ebenso sehr Riese wie die Comichelden, die ich bewunderte, und in der Überzeugung, dass ich ihn sowieso nie überragen würde, weil er die äußerste Grenze menschlichen Wachstums erreicht hatte, träumte ich heimlich davon, eines Tages genauso groß zu sein wie er. Dass er klein war, wurde mir erst bewusst, als ich aufs Collège des Trois-Glorieuses kam, da hatte ich ihn nämlich eingeholt. Ich konnte ihm nun in die Augen sehen, ohne den Kopf zu heben und darauf zu warten, dass er sich zu mir herunterbeugte. Damals habe ich aufgehört, mich über Zwerge und kleinwüchsige Menschen lustig zu machen. Über sie zu spotten wäre eine Beleidigung meines Vaters gewesen. Und weil Papa Roger klein war, fand ich mich damit ab, dass es in der Welt alles Mögliche gab: kleine und große, dicke und dünne Menschen.

Wegen seiner Tätigkeit als Empfangschef im Victory Palace Hotel war es notwendig, dass er sich herausputzte, häufig trug er, sogar bei größter Hitze, einen hellbraunen Anzug. Er hatte stets seine Tasche bei sich, gewöhnlich klemmte sie unter seiner Achsel, sodass er aussah, als wäre er einer der Kontrolleure, die wir fürchteten, wenn wir auf unserem Schulweg ohne Fahrschein auf den kleinen »Arbeiterzug« aufsprangen. Wurden wir beim Schwarzfahren erwischt, setzten die Schaffner uns mitten auf der Strecke an die Luft und gaben uns noch zwei oder drei Ohrfeigen zur Strafe mit. Der Arbeiterzug war normalerweise den Eisenbahnern oder den Hafenarbeitern vorbehalten. Um seine Rentabilität zu steigern, hatte die Eisenbahngesellschaft Congo-Océan (CFCO) ihn für alle freigegeben, besonders für die Schüler des Collège des Trois-Glorieuses und des Karl-Marx-Lyzeums, vorausgesetzt, sie hatten einen gültigen Fahrausweis dabei. So waren die Schüler zu Schwarzfahrern geworden, die unter Lebensgefahr auf dem Dach der Waggons reisten. Es war wie im Film *Angst über der Stadt*, der damals im Rex-Kino lief, nicht ungewöhnlich, dass man einen Kontrolleur sah, der einen Schüler von einem Waggon zum anderen verfolgte, und dann oben auf dem Zug …

Papa Roger ging mit schnellem Schritt, das Auge auf seine Armbanduhr gerichtet – weshalb meine Mutter ihn den pünktlichsten Mann auf der Welt nannte. Bei ihm war alles fast auf die Minute genau geregelt. Punkt sechs Uhr früh verließ er das Haus, stieg vor dem Fotostudio Vicky in der Avenue de l'Indépendance in den Bus und war eine halbe Stunde später in der Innenstadt.

Punkt sieben stand er aufrecht wie eine Eins am Empfang des Victory Palace und begrüßte die ersten Gäste, die zum Frühstück ins Hotelrestaurant gingen. Von der Rezeption aus ließ er seinen Blick zum Eingang des Hotels und auf die geteerte Straße davor schweifen. Sobald er ei-

VICTORY
PALACE

CARTE PROFESSIONNELLE

/SEHA/VP

Noms K I M A N G O U

Prénoms Roger

Né (e) le Vers 1935

A Ntébélé

Profession RECEPTIONNAIRE

C.N.I. n° 20620316

Assuré social (C.N.P.S) n° 294

A Pointe Noire, le 1er Mars 1987

Signature du Titulaire

Le Directeur

HADI-ALI
VICTORY PALACE
B.P. 124
POINTE NOIRE
Tél. 94-01-69 / 07-03 / 07-04
Tél. dom. 94-06-51
Télex 82 04 KG VICTORY

nen neuen Gast aus einem Wagen steigen sah, betätigte er ein Glöckchen. Zwei Angestellte in weißer Livree eilten zum Eingang, schnappten sich das Gepäck und stellten es neben der Rezeption ab. Nachdem mein Vater die Gäste ins Gästebuch eingetragen und ihnen ein Zimmer zugewiesen hatte, trugen die Angestellten das Gepäck in die Stockwerke hinauf. Beim Abendessen machte es ihm eine diebische Freude, uns diese Prozedur zu beschreiben. Er konnte eine Art Triumphgefühl kaum verhehlen, das in den Augen meiner Mutter nichts als Angeberei war. Beim Essen hielt er inne und frohlockte:

»Ich bin der wichtigste Mann im Victory Palace! Ich allein entscheide, welches Zimmer ein Gast bekommt!« Er legte die Gabel beiseite. »Wenn jemand wie ein Idiot aussieht – und davon gibt es viele unter den europäischen Urlaubern –, weise ich ihm nicht das schöne Zimmer zu, das zum Garten hinausgeht. Das kriegen nur Gäste, die ich mag und die jedes Jahr wiederkommen. Manchmal gebe ich einem, den ich nicht kenne, anfangs ein schlechtes Zimmer, doch wenn er sich während seines Aufenthalts mir gegenüber als besonders freundlich erweist, verlege ich ihn. Gewöhnlich erinnert er sich am Abreisetag daran und gibt mir ein dickes Trinkgeld!«

Er kam stets um fünf Uhr nachmittags mit einigen französischen Wochenschriften von der Arbeit zurück und blieb nach dem Essen am Tisch sitzen, um sie zu lesen und mit lauter Stimme zu kommentieren:

»Was? Das ist ja nicht zu fassen! Ich kann es kaum glauben! Was hat die nur geritten? Die ticken ja nicht richtig, diese Franzosen!«

Am Wochenende trug er einen weißen Pyjama mit roten Streifen, dazu braune Pantoffeln, die für seine Füße zu groß waren. Aber sie waren ein Geschenk von seiner Chefin, Madame Ginette, worauf er uns stets aufmerksam machte:

»Selbst wenn sie mir zu klein wären, würde ich sie tragen, Geschenk ist Geschenk! Solche Pantoffeln nennt man »Charentaises«, und ich glaube, ich bin der Einzige in der Stadt, der welche hat! Ich kenne Leute, die würden damit in der Stadt aufmarschieren, wenn sie welche besäßen, so prächtig sind sie! Aber sie sind fürs Haus und um Zeitung zu lesen. So machen sie es in Europa!«

Er setzte sich am frühen Morgen vor die Haustür, las wieder in den Zeitschriften, die er neben sich aufgestapelt und mit einem Stein beschwert hatte, aus Sorge, der Wind könnte sie forttragen. Immer vergaß er, den Kaffee zu trinken, den meine Mutter direkt neben ihn gestellt hatte, er konzentrierte sich mehr darauf, die Seiten umzublättern oder zu den Seiten zurückzugehen, die er einige Minuten zuvor gelesen hatte, und nach dem Rotstift zu greifen, um etwas daraufzukritzeln. Dann unterbrach er plötzlich seine Lektüre, warf einen Blick auf mich und merkte, dass ich unter dem Mangobaum stand und vor Bewunderung den Mund aufsperrte.

»Willst du mit mir lesen? Dann komm her!«

Ich stürzte sofort zu ihm, denn auf diesen Moment hatte ich ungeduldig gewartet. Er las mir die »Nachrichten aus aller Welt« vor, wie er es nannte. Ich lernte sehr schnell die kompliziertesten Namen fremder Nationen und ihrer Präsidenten. Europa, Amerika, Asien oder Ozeanien waren für mich keine fernen Kontinente mehr. Ich bemerkte, dass mein Vater seinen Rotstift benutzte, um die schwierigsten französischen Wörter zu unterstreichen.

»Die schlage ich am Montag in dem Wörterbuch nach, das wir im Victory Palace haben ... Ich muss sie unbedingt lernen, damit ich sie zu gegebener Zeit bei den Gästen anbringen kann.«

Schon hatte er wieder zwei Wörter ausgemacht, unterstrich sie ärgerlich, und ich hörte, wie er brummte:

»Ich verstehe nicht, warum diese Leute, anstatt verständlich zu schreiben, ständig Wörter benutzen, die keiner kennt! *Antediluvianisch* oder *apokryph* zum Beispiel, was soll das denn heißen?«

Höchst entrüstet blätterte er die Seite um und gelangte zu den internationalen Tagesmeldungen. Sein Gesicht verschloss sich, während er murmelte:

»Diese Franzosen sind verrückt, das kann man nicht anders sagen! Warum erwähnen sie mit keinem Wort, was in unserem Land passiert? Hier hat es einen Staatsstreich gegeben, und man liest keine Zeile darüber! Dabei wurde letzte Woche sogar Präsident Marien Ngouabi ermordet! Sicher hatten die Franzosen dabei ihre Hände im Spiel. Das kann man doch nicht einfach übergehen! Hinter diesem Staatsstreich stecken die Franzosen!«

Da ich nichts sagte, fuhr er fort:

»Dann werde ich, Roger, dir mal etwas verraten, mein Sohn! Sie berichten nicht über uns, weil dieses Land zu klein ist! Und weil es zu klein ist, vergessen die Leute es und glauben, Stechmücken, Armut, Hunger und Bürgerkriege gäbe es überall, nur nicht bei uns! Aber das ist falsch! Es gibt kein Übel, das du in diesem Land nicht findest, du musst nur die Augen aufsperren! Wie üblich interessiert man sich nur für die Haie und Wale im Meer, weil die für so viel Wirbel sorgen. Um die kleinen Fische kümmert sich keiner, die sind nur Futter für die großen!«

Als meine Mutter merkte, dass der Leser Papa Roger eine immer größere Faszination auf mich ausübte, wurde sie ein wenig eifersüchtig. Sobald mein Vater uns den Rücken zuwandte, schnappte sie sich die Zeitung, zog sich in eine Ecke unseres Gartens zurück, lehnte sich an den Stamm eines Mangobaums und warnte mich:

»Stör mich nicht, ich lese!«

Sie sah aus wie *Die Lesende* von Jean-Honoré Fragonard. Wie hatte sie es geschafft, so lange vor mir zu verbergen, dass sie lesen konnte? Sie war konzentriert, prüfte aus dem Augenwinkel, ob es ihr gelang, wie mein Vater meine Aufmerksamkeit zu erregen.

Einmal, als sie so dasaß, trat ich zu ihr und stellte fest, dass sie die Zeitung verkehrt herum hielt. Mit spöttischem Lächeln machte ich sie darauf aufmerksam. Ohne sich von dem, was für sie einer Beleidigung gleichkam, aus der Ruhe bringen zu lassen, maß sie mich mit einem Blick, bei dem mir mein spöttisches Lächeln verging, und erwiderte schließlich:

»Glaubst du etwa, ich, Pauline Kengué, Tochter von Grégoire Moukila und Henriette N'Soko, bin so dumm, die Zeitung verkehrt herum zu halten? Ich habe das nur getan, um dich zu testen! Bilde dir bloß nicht ein, dass in diesem Haus nur dein Vater und du lesen und schreiben können!«

*

Von außen hat sich nichts verändert, abgesehen von den Klimaanlagen, die über den Fenstern eingebaut sind, und den Parabolantennen auf dem Dach. Das Victory Palace wurde Ende der Vierzigerjahre in der Innenstadt, nicht weit entfernt von der Côte Sauvage und dem Bahnhof gebaut und zählt somit zu den ältesten Hotels von Pointe-Noire. Sein erster Besitzer, Monsieur Trouillet, übertrug 1965 die Geschäftsführung an Ginette Broichot, die das Hotel 1975 kaufte. Seit seiner Errichtung schießen im weiteren Umkreis die Neubauten empor, aber das Hotel mit seiner großen weißen Fassade an der Ecke Rue Bouvanzi / Avenue Bolobo hat mit einer gewissen Unverfrorenheit sein der Zeit geschuldetes Betonflair behalten.

Ich traue mich nicht, das Gebäude zu betreten, als befürchtete ich, dass es dem Schatten meines Vaters, der sich dort vielleicht irgendwo versteckt, nicht gefiele, wenn ich seine Vergangenheit zurückverfolgte, die über Umwege auch meine eigene ist. Mir fällt ein, wie er sich rühmte, der dienstälteste und zudem loyalste Mitarbeiter des Hotels zu sein. Zum Beweis führte er die Zuwendungen an, die ihm Madame Ginette gewährte, und dass sie niemals ihre Stimme gegen ihn erhob, während die übrigen Angestellten in ständiger Furcht vor dem Zorn ihrer französischen Chefin lebten. Mama Pauline glaubte, Papa Roger würde das Doppelte seines Monatslohns beziehen, während er ständig um Vorschuss bat oder auf die Trinkgelder der Gäste hoffte. Es war ihm gelungen, meinem Onkel mütterlicherseits, Jean-Pierre Matété, eine Anstellung als Hotelboy zu verschaffen. Im Sommer arbeiteten Marius, einer meiner »Halbbrüder«, und ich dort als Tellerwäscher und

Reinigungskräfte. Madame Ginette vertraute meinem Vater auch schon mal die Leitung des Hotels an, wenn sie Urlaub in Frankreich machte. In dieser Zeit wurde er »Kalif anstelle des Kalifen« und führte den Betrieb mit eiserner Hand. Er überwachte die Angestellten bis ins Kleinste, maßregelte sie, wenn ihre Uniform nicht tadellos saß, und er brüllte den Gärtner an, der die Beete nicht rechtzeitig wässerte. Papa Roger geizte nicht mit Schimpfworten, er ging so weit, den einen als Banausen, den anderen als Bastard zu bezeichnen, und er notierte ihre Namen in ein Heft mit der Absicht, zu gegebener Zeit Madame Ginette davon zu unterrichten. Die Angestellten hatten insgeheim nur einen Wunsch: die Chefin möge so schnell wie möglich zurückkehren, denn ihrer Meinung nach war es schwerer zu verkraften, von einem Neger abgekanzelt zu werden als von einer Weißen.

Und wie könnte ich je die Zeit vergessen, als er einmal tief betrübt war und uns keine Anekdoten mehr von der Arbeit mit nach Hause brachte, wo meine Mutter und ich sie gierig verschlangen? Der Vater von Madame Ginette war nämlich aus Frankreich zu Besuch gekommen und wohnte für eine unbestimmte Zeit im Victory Palace. Mein Vater war überzeugt, seine Chefin habe endlich ein Mittel gefunden, heimlich einen unbarmherzigen Inspektor auf das Personal anzusetzen, und diesen Gedanken ertrug er nicht. Madame Ginettes Vater war ein alter Mann mit lebhaftem Blick, der von morgens bis abends in der Halle saß und das Kommen und Gehen im Auge hatte. Papa Roger behauptete, sein Wirkungskreis sei geschrumpft, das Hotel sei kein Ort der Behaglichkeit mehr, und er gab die Schuld dem Mann, den er als »Eindringling« bezeichnete. Niemand hatte mehr das Recht, auch nur einen Apfel mit nach Hause zu nehmen. Die Zeitungen, die mein Vater gewöhnlich in seine Tasche steckte, wenn die Weißen sie ausgelesen hatten, mussten im Hotel bleiben, auch wenn sie schließlich weggeworfen wurden. Der Vater der Chefin zögerte nicht, sich hinter einen Gast zu stellen, um zu lauschen, wie Papa Roger sich im Gespräch mit ihm schlagen würde.

»Jeden Tag kreuzt er auf, schaut uns zu, gibt alles an die Chefin weiter, die uns dann ausschimpft wie Kinder! Ist das etwa normal?«, sagte er zu meiner Mutter.

Die blieb stumm wie ein Fisch und begriff sicher überhaupt nicht, was meinen Vater dermaßen ärgerte. Weil sie etwas sagen musste, begnügte sie sich damit zu brummen:

»Hm, es ist immerhin das Hotel seiner Tochter ... Also auch sein Hotel!«

»Und wir, was sind dann wir? Hat er mich eingestellt oder seine Tochter? So geht es jedenfalls nicht weiter, nächste Woche kümmern wir uns um ihn ...«

Eines Montagmorgens wurde der Plan ausgeführt, den mein Vater mit mehreren Komplizen ausgeheckt hatte, nachdem am Vorabend unter den Angestellten lebhaft darüber diskutiert worden war, da einige Memmen, die befürchteten, fristlos gekündigt zu werden, wenn sie so weit gingen, erst überzeugt werden mussten. Meinem Vater hingegen ging es vor allem um sein Revier. Eher war er bereit, seine Entlassung in Kauf zu nehmen, als jeden Morgen dem denunziatorischen Blick des »Eindringlings« ausgesetzt zu sein.

Sie schmuggelten ein Kraut ins Victory Palace, das wir *Kundia* nannten. Es hatte Stacheln, die mit bloßem Auge nicht zu sehen waren. Wenn man sie unter dem Mikroskop betrachtete, glichen sie einer Heerschar von zu Ähren gebündelten Nadeln, die sich bei Berührung mit einem fremden Körper aufrichteten und schließlich lösten. Die Bauern pflanzten es rund um ihre Felder, um Tiere und Diebe fernzuhalten, die Früchte und Gemüse stahlen. Hatte man es aus Unachtsamkeit berührt, musste man dem Juckreiz so lange wie möglich widerstehen, eine andere Möglichkeit gab es nicht, denn je mehr man kratzte, desto mehr drangen die »Zähne der *Kundia*« in die Haut ein, und dann dauerte diese Qual mindestens eine Stunde.

Ein Helfershelfer meines Vaters zog Handschuhe an und verteilte die Zähne der *Kundia* auf dem Sessel des »Eindringlings«. Von dem Moment an war es Papa Rogers Rolle, dafür zu sorgen, dass kein anderer als der Eindringling seinen Hintern darauf niederließ.

Gegen zehn Uhr kam der alte Herr in Bermudashorts aus seinem Zimmer in die Halle herunter. Zuerst machte er einen Rundgang im Restaurant, wobei man ihn dabei beobachten konnte, wie er jeden einzelnen Tisch inspizierte, einen Stuhl zurechtrückte, den er für schlecht platziert hielt, oder den Kellnern Anweisungen erteilte. Erst wenn er als Herr des Hauses seinen Kontrollgang beendet hatte, der für ihn zur Tradition und für die Angestellten zum Martyrium geworden war, bequemte er sich zu frühstücken.

Eine halbe Stunde später steuerte er seinen Sessel in der Halle an, fläzte sich hinein, streckte die Beine weit von

sich, legte die Hände auf den Bauch und schloss die Augen. Die entspannte Haltung währte nur wenige Sekunden.

Wie von der Tarantel gestochen sprang der Eindringling aus seinem Sessel hoch und ging zu Boden.

»Rote Ameisen! In meinem Sessel! Hier gibt es rote Ameisen!«

Er kratzte sich unablässig die Beine, die Hände, dann das Gesicht. Er brüllte nach Wasser, wollte trinken. Das Personal machte sich um ihn herum zu schaffen, bis Madame Ginette, angezogen von dem Lärm, mit entsetzter Miene auf der Treppe erschien:

»Schnell ins Krankenhaus mit ihm! Er hat eine Tropenkrankheit!«

Draußen ertönte bereits die Sirene des Krankenwagens, während das *Kundia*-Opfer von drei Angestellten hinausbegleitet wurde, die an diesem Tag alle zum ersten Mal Handschuhe trugen.

Nie wieder hockte der »Eindringling« in der Halle herum. Papa Roger hatte sein Revier zurückerobert, und das spürten wir auf Anhieb auch zu Hause, denn er fing wieder an, uns Anekdoten aus dem Victory Palace zu erzählen …

*

Ich entferne mich rasch von diesem Hotel, denn seit Kurzem schielt von dort jemand zu mir herüber. Vielleicht meint er, ich sei ein potenzieller Gast, der sich nicht entscheiden könne zwischen diesem Hotel und der Konkurrenz, dem knapp zweihundert Meter entfernten Atlantic Palace.

Madame Ginette ist nicht mehr die Eigentümerin, sie hat das Hotel 1985 an die Kongolesen verkauft und ist nach Frankreich zurückgekehrt. Sie ist jetzt eine alte Dame von neunzig Jahren, mit deren Nichte ich in Kontakt geblieben bin, seit ich ihr einmal in Montpellier begegnete.

DIE FRAU NEBENAN

Habe ich diesen Vater wirklich gekannt, der 2005, zehn Jahre nach Mama Pauline, gestorben ist? Er war mir zugleich nah und fremd. Nah, weil ich immer das Gefühl hatte, dass er mich nie aus dem Blick ließ, als wollte er jeden meiner Schritte begleiten und darüber wachen, dass ich nicht strauchelte, nicht hinfiel und später den Weg einschlagen würde, den er mir zu meinem Wohl ebnete.

Fremd erschien er mir nicht etwa, weil er nicht mein biologischer Vater war, sondern weil ich gar nichts über ihn wusste und kein einziges Mitglied der Familie kennengelernt hatte, die ich als »meine Familie väterlicherseits« hätte betrachten können, wenngleich ich zur Entlastung meines Vaters sagen muss, dass die Verbindung mit meiner Mutter nie standesamtlich besiegelt worden war. Es war vielmehr ein stillschweigender Bund, vollzogen durch die Tatsache, dass ein Mann und eine Frau mit einem Kind unter einem Dach zusammenlebten in einer Gesellschaft, in der das, was die Gemeinschaft dachte, mehr Gewicht besaß als jede Unterschrift auf einem Dokument, als jeder Schwur auf einem Amt. Es gab übrigens Fälle, bei denen selbst nach standesamtlicher Trauung einige alte weise Männer in ihre Bärte brummten:

»Pah! Die wollen es doch nur den Weißen gleichtun! In unseren Augen ist dieser Papierkram belanglos, für uns zählt, was die Ahnen sagen, und die brauchen diesen

Wisch nicht, den die Leute sowieso drei oder vier Monate nach der Hochzeit zerreißen. Wer könnte je das Wort der Ahnen zerreißen?«

Nein, offiziell verheiratet waren meine Eltern nicht. Darin unterschied sich ihre Ehe nicht von der Ehe meines Vaters mit Mama Martine, seiner anderen Frau, mit der er acht Kinder hatte. Mama Martine war, was man damals die »Rivalin« meiner Mutter nannte. In der Sprache der Kongolesen bedeutet das so viel wie »die Nebenfrau«. An sich traf sogar die Bezeichnung »Nebenfrau« die Sache nicht, denn Papa Roger hatte keine meiner beiden Mütter vor dem Bürgermeister von Pointe-Noire geheiratet. Mama Martine konnte allenfalls mehr Rechte beanspruchen als meine Mutter: Sie hatte Kinder mit Papa Roger, und ihr Stand als »Ehefrau« war durch eine Eheschließung nach Stammesbrauch besiegelt worden, während bei meiner Mutter alles mit einem kleinen Blumentopf erledigt war, den mein Vater dem ältesten Bruder meiner Mutter, meinem Onkel mütterlicherseits, Tonton Albert, überreicht hatte.

Zwischen meinen »beiden Müttern« lag eine ganze Generation. Es war, als lebten sie in zwei verschiedenen Epochen, von denen die eine die der Schwarz-Weiß-Fotografie war, die andere die der aufkommenden Farbfotografie. Mehr als zwanzig Jahre trennten sie, genug, damit beide Frauen nicht in dieselbe Richtung blickten und nicht dieselben Interessen verfolgten. So gesehen hatte Papa Roger gehandelt wie viele Polygamisten in unserem Land: Angesichts der welkenden Schönheit seiner ersten Frau, oder

vielleicht auch, um sich gegen die aufkommende Lange-
weile eines drei Ewigkeiten währenden Ehelebens zu
wappnen, hatte er ein Auge auf eine jüngere, ja sogar sehr
viel jüngere Frau geworfen – meine Mutter. Doch darin er-
schöpften sich die Gründe nicht, denn vielen dieser polygamen Männer verschaffte allein die Anzahl der mit ihnen
verheirateten Frauen das Gefühl, lebenstüchtig, stark und
»männlich« zu sein. Es bedurfte natürlich eines gewissen
Wohlstands, um zwischen zwei Haushalten pendeln und
für den Unterhalt einer Schar von Kindern sorgen zu können, die so rasch aufeinander folgten, dass man bisweilen
ihre Namen vergaß oder sie untereinander verwechselte.
Um den Lebensunterhalt zu verdienen, schickten die Männer meistens ihre Frauen arbeiten, während sie selbst zu
Hause blieben oder in den Bars des Viertels herumhingen,
wo es gut möglich war, dass sie ein weiteres Fräulein trafen, das bald darauf ihren Harem vergrößern sollte. Obwohl er polygam lebte, gehörte Papa Roger nicht zu diesem Gesindel, denn es war vielmehr Mama Martine, die
zu Hause blieb. Sie war traditioneller eingestellt, zog sich
in die Küche zurück, war wortkarg und unsichtbar, und sie
sprach nur ihre Stammessprache, das Bembé, nicht aber
die Sprache von Pointe-Noire, das Munukutuba, wenngleich sie schon lange in dieser Stadt lebte. Sie verkörper-
te deshalb »die Frau aus dem Dorf«, die im Ruf stand, alles von ihrem Mann zu erwarten. Bei einem Ehekrach
wandte sie sich stets an den Rat jener Alten mit grauem
Spitzbärtchen, die nur darauf warteten, um sich endlich gemeinsam mit Palmwein volllaufen zu lassen und nebenbei
den Streit zu schlichten.

Mama Pauline dagegen war »moderner«, für den Geschmack mancher Leute sogar zu modern, denn sie ging aus, wann es ihr passte, und scheute sich nicht, erhobenen Hauptes eine Bar voller Männer zu betreten, die mit größter Selbstverständlichkeit erwarteten, dass sie sich zum Zeichen ihrer Hochachtung vor ihnen verbeugte. Aus Provokation tat sie es nicht, und wenn man sie dafür zur Rede stellte, erwiderte sie:

»Wenn sie so ehrenwert sind, wie sie glauben, warum lungern sie dann in einer Bar herum, während ihre Frauen zu Hause sind? Vielleicht, um andere Frauen aufzureißen?«

Es war ihr wichtig, ihre Selbstständigkeit zu bewahren, indem sie weiterhin auf dem Grand Marché mit Erdnüssen und Bananen handelte, vor allem aber wollte sie schützen, was sie für den größten Erfolg ihres Leben hielt: ein Grundstück im Voungou-Viertel in Pointe-Noire, das sie von ihrem eigenen Geld gekauft hatte. Mein Vater konnte diese Autonomie nur schwer ertragen, denn er fühlte sich, wie er selbst es ausdrückte, »nutzlos« und war deshalb der Meinung, dass eine Frau an der Seite eines Mannes nicht »die Hosen anhaben« und in eigenem Namen Besitz erwerben sollte, dies sei ein Privileg des Mannes, zusammen mit dem Recht, so viele Frauen zu heiraten, wie es ihm beliebte.

Viele Jahre später – ich muss schon auf dem Lyzeum gewesen sein – begann Papa Roger, eine andere Frau zu besuchen, die er als dritte »Rivalin« ins Auge gefasst hatte. Unter Vorwänden, die auf Dauer widersprüchlich waren und das Misstrauen seiner beiden »offiziellen« Ehefrauen weckten, traf der pünktlichste Mann auf der Welt nun immer erst sehr spät abends bei meiner Mutter oder Mama Martine ein. Zu Mama Martine sagte er, er habe sich verspätet, weil er einen kurzen Abstecher zu meiner Mutter gemacht habe. Tags darauf, als er bei uns übernachten sollte, behauptete er, er sei wegen einer dringenden Angelegenheit, zu der er keine näheren Angaben machte, bei Mama Martine aufgehalten worden.

Dieses Spiel ging ein paar Wochen gut, dann platzte die Bombe. Mama Martine hatte durch eine Freundin Wind von der Sache bekommen und warnte meine Mutter:

»Ich glaube, Roger besucht Célestine … Er hat mich seit Wochen nicht mehr angerührt, und wenn wir im Bett liegen, ist es, als wären wir Fremde. Ich kenne ihn, da ist eine Frau im Spiel …«

»Ist das möglich? Célestine! Etwas Besseres konnte er wohl nicht finden?«

Mama Martine, die schon beinahe aufgegeben hatte, murmelte kleinlaut:

»Was mich angeht, ist das ja nicht schlimm, ich falle nicht mehr ins Gewicht, meine Jugend hat mir irgendwann den Rücken zugekehrt. Aber was hat diese Célestine, was du nicht hast? Du bist sehr schön, du bist jung, du arbeitest und es gab nie Streit zwischen uns. Dieser Roger! Er wird sich nie ändern! Ich habe ihm jedenfalls gesagt, er soll mich nicht mehr anrühren, solange er sich nebenher mit einer anderen abgibt!«

Meine Mutter hätte ihre Hand dafür ins Feuer gelegt, dass mein Vater unschuldig war. Sie war überzeugt, dass es sich um üble Nachrede handelte, die von Neidern aus dem Viertel verbreitet wurde. Doch als in den folgenden Wochen die Ausreden meines Vaters immer fadenscheiniger wurden, rückte ihm meine Mutter auf den Pelz, damit er mit der Wahrheit herausrückte.

Papa Roger hob die Stimme:

»Und überhaupt, wie kommt ihr, du und Martine, eigentlich dazu, mir nachzustellen? Bei ihr kann ich nicht mehr in Ruhe schlafen, und du schnürst mir die Luft ab, wo also soll ich bitte schön die Nacht verbringen, hm?«

»Schlaf bei Célestine! Ich lege mich jedenfalls nicht mehr ins selbe Bett mit dir! Zwei Frauen reichen dir wohl nicht mehr? Wenn du hier bist, schnarchst du nur noch! Und was soll ich jetzt tun? Soll ich mir einen Liebhaber nehmen? Ja?«

»Wenn das so ist – dann geh' ich mal Luft schnappen!«

»Genau, geh nur zu ihr!«

»Jetzt reicht es, Pauline! Es ist jeden Tag dasselbe hier! Hat das damit zu tun, dass es dein Haus ist? Wäre es mein Haus, würdest du es dann auch wagen, einen solch unverschämten Ton anzuschlagen? Ich habe die Schnauze voll, und wenn das so weitergeht, gehe ich zu mir!«

Ich hatte das Gefühl, dass sich mein Vater im Haus meiner Mutter manchmal wie ein »Untermieter« vorkam, da sie nicht nur das Grundstück erworben, sondern auch unser Holzhaus darauf errichtet hatte, in dem Papa Roger jeden zweiten Tag nach der Arbeit mit uns zusammenlebte, während er an den anderen Tagen in seinem eigenen Haus, einem Vierzimmerhaus, bei Mama Martine und meinen acht »Halbbrüdern« wohnte.

Die Affäre mit der dritten Frau vergiftete schließlich die Atmosphäre in beiden Familien. Bei uns sprachen meine Eltern nicht mehr miteinander wie zuvor. Ein kleiner Funke genügte, damit sie Feuer fingen und zu streiten begannen, ohne sich darum zu kümmern, dass ich im Nebenzimmer war und damals überhaupt nicht begriff, warum sie sich über etwas zankten, das mir so belanglos vorkam wie jene Dinge, um die auf dem Pausenhof gestritten wurde.

Die Situation verschlimmerte sich von Tag zu Tag, meine Mutter beriet sich mit Mama Martine, und die beiden beschlossen, dass es nun an uns Kindern war, der potenziellen »Rivalin« einen kleinen »Höflichkeitsbesuch« abzustatten. Wir erhielten sogar ausdrücklich die Erlaubnis, ihr mit allen notwendigen Mitteln zu zeigen, wo es langging.

Ich gehörte zusammen mit sechs meiner Halbbrüder zu der kleinen Strafexpedition. Eines Nachmittags gingen wir in das Viertel dieser Frau, von der wir nicht mehr wussten als den Vornamen, den unsere beiden Mütter uns genannt hatten: Célestine. Vor ihrem Haus trafen wir eine ältere Dame, bei der sich Yaya Gaston, der Älteste von uns, erkundigte:

»Entschuldigen Sie, Madame, wir suchen eine junge Frau namens Célestine. Sie ist Ihre Tochter, wir müssen mit ihr sprechen …«

Die Dame antwortete schroff:

»Was wollt ihr von ihr?«

Ich sah, dass Yaya Gaston vor Wut bebte und die Faust ballte.

»Was geht dich das an, du alte Schachtel? Wir sind gekommen, um deiner Tochter zu sagen, dass sie sich besser um ihre kleinen Schlüpfer kümmern und aufhören soll, meinem Vater nachzustellen, sonst gibt's was aufs Maul! Schämt sie sich denn nicht, einem Mann, der zwei Familien hat, das Geld aus der Tasche zu ziehen?«

»Wenn das so ist, dann gebt mir eben was aufs Maul!«

»Es geht nicht um dich, Alte! Wir wollen Célestine sprechen! Los, lass uns vorbei, wir durchsuchen jetzt die Hütte, wir wissen, dass sie sich darin versteckt!«

Die Frau brach in Gelächter aus:

»Hier gibt es nur eine Célestine, und das bin ich! Also, worauf wartet ihr? Schlagt zu!«

Yaya Gaston wich zurück, schaute uns an, musterte dann einige Sekunden lang die Frau. Graues Haar. Kurzsichtige Augen hinter dicken Brillengläsern. Ein abgetragener, geflickter Wickelrock. Sie war mit Sicherheit älter als Mama Martine und hätte die Großmutter von Mama Pauline sein können.

»Sie ... Sie sind Célestine?«, stammelte unser ältester Bruder ungläubig, immer noch mit geballter Faust, als wollte er trotz allem zuschlagen.

»Wollt ihr meinen Ausweis sehen? Versucht nur, mich zu schlagen, und ihr werdet verflucht sein bis ans Ende eurer Tage!«

Yaya Gaston öffnete die Faust und wandte sich wieder zu uns um:

»Ich bring' es nicht fertig. Ich bring' es einfach nicht fertig ... Sie ist uralt. Will vielleicht einer von euch ...«

»Schlagt mich, habe ich gesagt!«, kreischte die Frau, die

sich plötzlich vor uns aufbaute, sicher, dass keiner von uns es wagen würde, die Hand gegen eine Alte zu erheben.

Da sich aus unserem Trupp keiner rührte und alle auf den Boden starrten, begnügte sich Yaya Gaston damit, die Alte einzuschüchtern:

»Wir warnen Sie! Wenn Sie um unseren Vater herumschleichen, werden Sie dafür bezahlen! Egal, wer und wie alt Sie sind!«

»Wer bin ich denn? Eine alte Schachtel? Ich stinke, ja? Habe ich etwa euren Vater gebeten, dass er zu mir kommen soll? Regelt die Sache unter euch und richtet euren Müttern aus, sie sollen dafür sorgen, dass ihr Mann zufrieden ist, zu meiner Zeit habe ich die Hüften so gut geschwungen, dass mein verstorbener Ehemann einen Monat lang vergaß, zur Arbeit zu gehen! Sagt euren Müttern auch, sie sollen gut für ihn kochen, denn wenn euer Vater zu mir kommt, ist es stets so, als hätte er seit Jahren nichts gegessen! Und wenn ihr jetzt nicht mein Grundstück verlasst, lüfte ich meinen Rock. Dann könnt ihr mit eigenen Augen sehen, wo euer Vater reinschlüpft, wenn er nicht bei euren Müttern ist! Ich habe viele, viele weiße Schamhaare, wollt ihr sie sehen?«

Yaya Gaston war schon vom Grundstück geflüchtet und hielt sich die Ohren zu, damit er die Obszönitäten nicht hören musste. Schnell waren wir bei ihm, und als die Frau ihren Rock über die Hüften hob und uns ihren Hintern zeigte, gaben wir uns geschlagen und rannten nach Hause.

»Bloß nicht umdrehen, sonst seid ihr verflucht«, brüllte Yaya Gaston uns zu.

Nachdem Papa Roger von unserem Besuch erfahren hatte, besuchte er Célestine immer seltener, zumal wir uns jetzt in der Nähe auf die Lauer legten, um ihn daran zu hindern, das Grundstück dieser Frau zu betreten, die für uns eine Hexe war, hatte sie doch unseren Vater verzaubert.

Nach einem Monat hatte sich die »Affäre« mit der dritten Frau erledigt, Papa Roger wurde wieder zu dem Mann, der pünktlich von der Arbeit nach Hause kam und sich in eine Ecke setzte, um die Zeitschriften aus Europa zu lesen und gegen den Wahnsinn der Franzosen zu wettern, die nie über unser Land berichteten, weil es so winzig war …

DER UNSICHTBARE DRITTE

Mein Gefühl, Papa Roger nicht wirklich gekannt zu haben, rührt daher, dass er mir nie etwas über seine Eltern erzählte. Ich wusste nicht, ob sie noch lebten oder schon in die andere Welt aufgebrochen waren. Auch hatte ich nie einen Fuß in sein Heimatdorf Ndounga gesetzt. Das störte mich nicht, zumal ich einen dumpfen Hass auf alles hegte, was irgendwie in Zusammenhang mit einem väterlichen Zweig meiner Familie stehen konnte, seit sich mein eigener Erzeuger just in dem Moment aus dem Staub gemacht hatte, als meine Mutter seiner am meisten bedurft hätte. Für mich war Papa Roger zugleich Vater, Großvater und jener perfekte väterliche Stamm, der den Winden trotzte und zu jeder Jahreszeit Früchte abwarf. Ich hatte daher aufgehört, um jeden Preis nach denjenigen zu forschen, die »meine« Angehörigen väterlicherseits waren.

Dank Papa Roger lag über meiner Kindheit der Duft von grünen Äpfeln. Jede Woche brachte er mir einen aus dem Victory Palace mit. Einen Apfel zu essen war ein Privileg in der Stadt. Für uns gehörten Äpfel zu den exotischsten Früchten, weil sie aus den kalten Klimazonen kamen. Wenn ich hineinbiss, fühlte ich, wie mir Flügel wuchsen, die mich weit forttrugen. Zuerst schnupperte ich mit geschlossenen Augen an der Frucht, dann schlug ich gierig meine Zähne hinein, als ob ich befürchtete, jemand könnte mich um ein kleines Stück bitten und mich um die Freude bringen, den Apfel mitsamt den Kernen zu verschlingen, denn niemand hatte mir gezeigt, wie man einen Apfel isst. Papa Roger saß mir gegenüber und hatte ein Lächeln auf den Lippen. Er wusste, er brauchte mir nur einen Apfel zu geben, um von mir zu bekommen, was er wollte. Plötzlich verwandelte ich mich in den gesprächigsten Jungen der Welt, obwohl ich von Natur aus sehr zurückhaltend war. Meine Mutter hatte begriffen, welch unheilvolle Auswirkungen ein Apfel auf mich haben konnte. Einmal wurde sie fuchsteufelswild, und ich bekam ihren ganzen Zorn zu spüren, der diesem erfrischenden Duft meiner Kindheit bis heute einen beunruhigenden Beigeschmack verleiht:

»Du hast deinem Vater wieder irgendwelche Geschichten erzählt, nachdem du einen Apfel gegessen hast! Ich frage mich, ob diese Frucht vielleicht Alkohol enthält und ich sie dir verbieten muss!«

»Ich habe nichts getan!«

»Ach nein? Und warum hast du ihm erzählt, dass ich heute Nachmittag mit jemandem ausgegangen bin? Dass ich dir heute etwas zum Abendessen koche, kannst du vergessen! Lass es dir eine Lehre sein!«

Ich war an diesem Tag wirklich sehr redselig gewesen und hatte meinem Vater gegenüber ausgeplaudert, dass ein schlanker, groß gewachsener Kerl zu unserem Grundstück gekommen war, sich mit meiner Mutter unterhalten hatte und die beiden dann auf ein Glas in eine Bar im Viertel gegangen waren. Das hatte genügt, um meinen Vater von null auf hundertachtzig zu bringen. Sofort stürzte er sich auf meine Mutter:

»Habe ich es doch gewusst! Das war Marcel, stimmt's? Und ich dachte, deine Geschichte mit diesem Dummkopf wäre ein für alle Mal vorbei! Was bin ich doch für ein Idiot!«

An jenem Tag lehnte mein Vater es ab, sich an den Tisch zu setzen, und verkroch sich stattdessen ins Schlafzimmer. Marcel war ein Mann, den Mama Pauline fast zur gleichen Zeit wie meinen Vater kennengelernt hatte, doch sie hatte sich gegen ihn entschieden, weil er jedem Rock hinterherrannte und so überzeugt von seinem verführerischen Aussehen war, dass er glaubte, die Frauen lägen ihm zu Füßen. Meine Mutter behauptete, es sei nie etwas zwischen ihnen gewesen. Sie hob eine Faust voll Erde vom Boden auf und warf sie in die Luft, was nach unserer Sitte bedeutete, dass sie mir schwor, die Wahrheit, nichts als die Wahrheit gesagt zu haben, und mit diesem Brauch, den unser Stamm seit Urzeiten respektierte, durfte man nicht Schindluder treiben. Wer diesen Schwur ablegte und dabei log, litt am nächsten Tag unter Kopfschmerzen und musste manchmal mehrere Tage lang das Bett hüten. Erst erbrach man sich, dann trocknete die Haut aus. An meiner Mutter konnte ich an den Tagen danach keines dieser Symptome feststellen. Ich entschloss mich daher, mich auf ihre Version zu verlassen, Papa Rogers Vorwurf erschien mir ungerecht, wenngleich tief in mir ein Zweifel bestehen blieb.

Papa Roger war überzeugt, dass Marcel noch immer um meine Mutter herumschlich und etwas zwischen ihnen gelaufen war, etwas, das vielleicht noch andauerte, denn der Mann tauchte alle zwei, drei Jahre wieder auf. Ich war

acht oder neun Jahre alt, als es zu einer denkwürdigen Rauferei zwischen den beiden Männern auf der Rue de Louboulou im Stadtviertel Rex kam. Hier stand das Haus von
Tonton Albert, Angestellter beim staatlichen Elektrizitätswerk und der Erste aus meiner Familie mütterlicherseits,
der aus dem Dorf Louboulou nach Pointe-Noire ausgewandert war. Ihm war es zu verdanken, dass alle in die
Hauptstadt nachzogen mit Ausnahme meiner Mutter, die
aus eigenem Antrieb hier landete, um meinen Erzeuger zu
vergessen. Tonton Albert hatte hier zuerst Fuß gefasst,
dann hatte er seinen jüngeren Bruder Tonton René nachkommen lassen. Dann folgten seine jüngeren Schwestern –
die älteren Schwestern meiner Mutter – Tante Dorothée
und Tante Sabine. Meine Mutter brachte den Letztgeborenen unserer Familie mit, Tonton Mompéro. Und da mein
Großvater mütterlicherseits, Grégoire Moukila, in Vielehe
lebte – er hatte zwölf Frauen und mehr als fünfzig Kinder
–, holte Tonton Albert, je höher er auf der Karriereleiter
kletterte, sie nach und nach alle in die Rue de Louboulou.
So verschlug es auch einen anderen Onkel, der denselben
Vater hatte wie meine Mutter und mir sehr nahestand,
nach Pointe-Noire: Jean-Pierre Matété. Aufgrund der Konzentration unserer Familie in dieser Straße erteilten die
Behörden Tonton Albert die Erlaubnis, sie in »Rue de Louboulou« umzubenennen, um an jenes Nest in der Gegend
von Bouenza im Süden unseres Landes zu erinnern, dessen
Chef unser Großvater Grégoire Moukila seit Mitte der
1900er-Jahre gewesen war. Die Straße war also fast unser
Dorf. Die meisten Häuser waren von Leuten gebaut worden, die aus unserer Gegend stammten, selbst wenn später

einige ihre Bleibe verkauften und damit zuließen, dass nach und nach andere Leute zuzogen, die wir nicht kannten. Da mein Onkel beim Elektrizitätswerk arbeitete, kam damals jeder in den Genuss von kostenlosem Strom. Es genügte, ein Kabel von einem Haus zum anderen zu legen, um die Sturmleuchte gegen eine Glühbirne, das Kohlebügeleisen gegen ein elektrisches Bügeleisen auszutauschen.

Das Rathaus hatte der Bitte Tonton Alberts stattgegeben, nachdem er ein paar Beamte bestochen hatte, die übrigens nichts dabei fanden, der feierlichen Umbenennung der Straße beizuwohnen und darauf anzustoßen. Jede Woche schaute jemand aus der Familie bei Tonton Albert vorbei, man wusste, wenn er sich in sein Schlafzimmer zurückzog, kam er mit einigen Scheinchen zurück, die er dem Besucher überreichte. Auch wenn keiner es laut sagte, man besuchte Tonton Albert im Großen und Ganzen in der Hoffnung, mit einigen Tausend CFA-Francs von dem Besuch zurückzukommen. Wer während der Mittagsruhe kam, wartete im Hof und tat, als unterhielte er sich mit Gilbert und Bienvenüe, den Zwillingen meines Onkels, meinem Cousin und meiner Cousine, mit denen ich einen großen Teil meiner Kindheit verbrachte. Diese beiden waren nicht auf den Kopf gefallen und spürten, dass ihr Vater die Bank der Familie war. Um nicht in seiner Ruhe gestört zu werden, legte Tonton Albert manchmal einen Stapel Geldscheine auf den Tisch und überließ es seiner Ehefrau Mâ Ngudi, sie an die verschiedenen Besucher zu verteilen.

Auch meine Mutter schaute immer wieder in der Rue de Louboulou vorbei. Nicht um Geld einzusammeln, sondern um Mâ Ngudi welches zu geben, denn von Zeit zu Zeit lebte ich bei meinem Onkel. Mama Pauline hatte das »im Interesse von Alberts Neffen« so gewünscht, denn Mâ Ngudi stand im Ruf, sie verstehe sich auf das Drillen von Kindern, die keinen Appetit hatten – was bei mir bisweilen der Fall war, wenn ich nur die Fleischstücke aß und meinen Fufu- oder Maniokbrei verschmähte.

Eines Abends, als meine Mutter mich bei Tonton Albert abholte, kam dieser Marcel, der für meinen Vater ein rotes Tuch war, zufällig an diesem Haus vorbei. Und wie es der Zufall wollte, hatte auch Papa Roger auf dem Rückweg von seiner Arbeit beschlossen, bei meinem Onkel vorbeizuschauen, um ihm und seiner Ehefrau dafür zu danken, dass sie mich aufgenommen hatten, und den Zwillingen Bienvenüe und Gilbert bei dieser Gelegenheit wie so oft einen kleinen Umschlag dazulassen.

Meine Mutter und ich waren noch dabei, uns von Tonton Albert zu verabschieden, als von draußen lautes Geschrei zu uns drang. Es konnte sich nur um eine Rauferei handeln, denn die Jungs aus dem Viertel riefen:

»Ali boma ye! Ali boma ye! Ali bomba ye!«

Mit diesem berühmten Schlachtruf hatte die Bevölkerung Zaires Muhammad Ali während seines legendären Boxkampfs gegen George Foreman im Stadion des 20. Mai angefeuert. Seitdem war der Ruf in beiden Kongostaaten bei jeder Schlägerei zu hören.

Wir rannten hinaus vor das Grundstück und gerieten mitten in einen erbitterten Kampf, zu dem sich das gesamte Rex-Viertel in der Rue de Louboulou versammelt hatte. Marcel und mein Vater wälzten sich staubbedeckt am Boden, und mein Vater war obenauf, obwohl er ganz klein war im Vergleich zu diesem Kerl, den ich für einen Koloss von fast zwei Metern hielt und der die Behausungen in der Umgebung um gut einen Kopf zu überragen schien. Jedes Mal wenn Marcel versuchte, sich wieder aufzurichten, um meinen Vater zu überwältigen, zogen ihn die Leute aus dem Viertel, darunter Mitglieder unserer Familie, am Bein oder am Hemdzipfel, sodass der Mann das Gleichgewicht verlor und Papa Roger obenauf blieb. Wer sich hier prügelte, inmitten einer Menge, die zusammenhielt wie die Finger einer Hand, konnte sich gleich einen Totenschein ausstellen lassen.

Meine Mutter brüllte aus Leibeskräften:

»Roger! Lass diesen Kerl los, er hat nichts getan!«

Mein Vater umklammerte Marcels Hals und hielt ihn fest:

»Ich bring' ihn um! Ich bring' ihn um!«

Angespornt von der aufgeregten Menge sprang er auf, nahm eine Karate-Haltung ein, die er in dem Film *Drei eiskalte Profis* gesehen hatte, versetzte Marcel eine Kopfnuss, einen Fußtritt, einen Tritt mit dem Knie und dann noch einen, bis es diesem mit blutendem Gesicht gelang, sich loszumachen und Reißaus zu nehmen. Das ganze Viertel verfolgte den Fliehenden. Jeder hatte einen Prügel oder einen Stein in der Hand.

»Ihr werdet ihn noch umbringen!«, schrie meine Mutter aus Leibeskräften.

»Gut so!«, gab eine Stimme aus der Menge zurück.

Man sah nicht mehr, von wem die Steine geworfen wurden und wer die Prügel schwang, denen Marcel mit knapper Not entkam. Er hatte lange Beine und rannte, als wäre ihm der Tod auf den Fersen. Mit ein paar Sätzen hatte er die Avenue de l'Indépendance überquert und war in den verwinkelten Gassen des Trois-Cents-Viertels verschwunden, dem Schlupfwinkel der Prostituierten aus Zaire. Die Verfolger wussten, dass es sinnlos war, ihm bis dorthin nachzustellen, wo aus einer Rauferei schnell ein allgemeiner Aufstand werden konnte.

Als wir wieder zu Hause waren, gab es einen heftigen Streit zwischen meinen Eltern. Meine Mutter erklärte meinem Vater, dass Marcel rein zufällig durch die Rue de Louboulou gekommen sei. Mein Vater glaubte das nicht und war überzeugt, Mama Pauline sei mit diesem Mann verabredet gewesen und Tonton Albert sowie der ganze Stamm der Bembé in der Rue de Louboulou stecke mit ihnen unter einer Decke.

»Und warum haben dann dieselben Leute aus meinem Stamm, die du beschuldigst, für dich Partei ergriffen?«

Mein Vater beantwortete die Frage nicht. Vielleicht war das ein Beweis dafür, dass ihm aufgegangen war, dass meine Familie mütterlicherseits hinter ihm stand und er sich von Argwohn und Wut hatte hinreißen lassen …

MEIN FRÄULEIN MUTTER

Das Foto ist schwarz-weiß, rechts unten ist es ein wenig eingerissen. Das Bild stammt vom Ende der Siebzigerjahre und wurde eines Nachmittags im Joli-Soir-Viertel aufgenommen. Ich war in dieser Bar, in der wir sitzen, mit meinen Eltern verabredet gewesen. Die beiden heben ein Glas an ihre Lippen, mein Glas steht auf dem Tisch. Es ist voll Bier, darauf hatte meine Mutter Wert gelegt, damit niemand sich einbildete, ich sei nur wegen des Fotos dort. Es sollte der Eindruck entstehen, dass ich genau wie sie schon eine Weile dasaß und etwas trank. Übrigens habe ich noch die Worte meiner Mutter im Ohr, als sie wie eine Regisseurin dem Fotografen beisprang, der darüber ein wenig überrascht war:

»Warten Sie, wir sind noch nicht so weit! Verjagen Sie zuerst die Fliegen, die um den Tisch herumschwirren! So verpfuscht man jedes Foto! Ich sage Ihnen, wann genau Sie auf den Auslöser Ihres Apparats drücken müssen!«

Sie ließ ihren Blick durch den Raum schweifen, suchte nach einer Möglichkeit, den Augenblick der Aufnahme hinauszuzögern. Leute kamen herein und wollten sich nach hinten setzen. Sie packte die Gelegenheit beim Schopf:

»Was ist denn das schon wieder? Haben Sie das gesehen? Seit Präsident Marien Ngouabi tot ist, kann man in diesem Land kein Foto mehr machen! Sagen Sie den Leuten, sie sollen kurz draußen bleiben!«

Dann wandte sie sich an uns:

»Und ihr beide tut so, als ob der Fotograf nicht da wäre! Besonders du, Roger. Wenn man dich fotografiert, ziehst du immer das Gesicht zusammen wie eine Schnecke, die nicht weiß, wo es langgeht! Das kann es doch nicht sein, oder? Und du, mein Schatz, setz dich richtig ins Bild! Sitz aufrecht wie ein tapferer Pionier, wie ein Kind, das stolz ist, zwischen Papa und Mama zu sitzen!«

Trotz all ihrer Vorkehrungen, mit denen sie dem Fotografen furchtbar auf die Nerven ging, hat sie ein viertes Glas übersehen, das zu meiner Linken vor Papa Roger auf dem Tisch stand. Er hatte dem Fotografen ein Bier ausgegeben, der es in einem Zug ausgetrunken hatte, ohne sich zu bedanken, denn er wollte endlich zur Sache kommen. Statt sein Glas zur Seite zu räumen, hatte er es auf dem Tisch vergessen. Er wirkte überfordert von seinem Geschäft, das ihn nötigte, durch die Bars der Stadt zu tingeln und die Gäste zu überreden, sich fotografieren zu lassen. Er notierte sich die Adressen in einem alten Notizbuch und lieferte das Bild am nächsten Tag dorthin. Man musste im Voraus eine Anzahlung leisten. Er sah zu, dass er mehrere Abzüge von derselben Aufnahme machte, denn er wusste, wenn es ein Meisterwerk war, dann wollte jeder das Foto von sich haben. In den meisten Vierteln von Pointe-Noire kannte man ihn schon. Und an jenem Tag prahlte er vor meinen Eltern:

»Ich bin der Einzige in der Stadt, der eine Hasselblad SWC besitzt! So eine haben die Amerikaner benutzt, als sie ins Weltall geflogen sind! Gibt es in dieser Stadt sonst noch einen Fotografen mit einer Hasselblad? Nein! Ich bin

der Einzige! Ja, der Einzige! Und deshalb nennt man mich
›Monsieur Hasselblad SWC‹!«

Wer hätte seine Behauptungen überprüfen können?
Sein Kauderwelsch verstand jedenfalls niemand, und was
man sah, war eine Kamera, auf deren Auslöser er drückte,
sodass der Blitz aufleuchtete wie bei jedem x-beliebigen
Fotoapparat. Doch meine Mutter schnitt dem Fotografen
das Wort ab:

»Hör auf mit deinem Schmus und sag uns, wie viel das
Foto kostet!«

Monsieur Hasselblad SWC nahm mit seiner Kamera
eine lächerliche Pose ein, und für den Augenblick eines
Wimpernschlags blendete uns der Blitz ...

Heute sehe ich das Foto mit anderen Augen. Vielleicht,
weil ich es in der Stadt betrachte, in der es aufgenommen
wurde. In Europa oder in Amerika habe ich das Gefühl,

dass es nichts verrät. Ich schaue es genauer an. Meine Mutter überragt auf diesem Bild alles. Man sieht fast nur sie und ihren aus einem Pagne gewickelten Turban. Sie scheint sich wohler zu fühlen als mein Vater und ich, die wir uns um das bisschen Platz streiten, den sie uns gelassen hat. Sie wollte diejenige sein, auf die der Blick fiel, wenn man das Foto betrachtete. Wir waren also nur da, um ihre Person ins rechte Licht zu stellen, denn die Wirkung einer Hauptperson hängt stark davon ab, wie man diejenigen einbezieht, die Nebenrollen spielen. Das war es zweifellos, was sie erreichen wollte, indem sie sich rechts nach vorne lehnte, als ob mein Vater und ich gar nicht mehr existierten oder als ob wir im Augenblick ihres vermeintlichen Triumphs, den sie für die Nachwelt festhalten wollte, stören würden.

Sie richtet den Blick auf das Objektiv mit einem kleinen Lächeln, das zeigt, dass sie ihre ideale Pose gefunden hat. Mein weit aufgerissener Mund, mein regloser Gesichtsausdruck, als würde ich mit großen Augen fragen, wozu das Ganze gut sein soll, kümmern sie nicht. Normalerweise hätte sie mich ermahnt:

»Reiß dich zusammen, siehst du nicht, dass man ein Foto von uns macht?«

Und sie hätte mich aufgefordert, den Mund zu schließen, denn sie tadelte mich oft wegen dieses Gesichtsausdrucks, der ihrer Meinung nach meiner unwürdig und abträglich war.

Mein Hemd ist weit aufgeknöpft – hatte ich »idiotischerweise«, wie meine Mutter zu sagen pflegte, wieder einmal meine Knöpfe verloren? Ich gebe zu, das Hemd zu-

zuknöpfen war das Letzte, woran ich dachte. Mein Hemd saß oft schief, weil ich beim Zuknöpfen nicht auf die Reihenfolge der Knopflöcher achtete.

Ich bemerke Einzelheiten, die mir bisher nicht aufgefallen sind. Zum Beispiel, dass die rechte Schulter meiner Mutter mich wegzudrücken scheint, während mein Vater versucht, uns im Gleichgewicht zu halten. Aus diesem Grund lehnt er seinen Kopf an meinen. Ich sehe auch die Finger meines Vaters auf der rechten Schulter meiner Mutter. Ich ahne, dass uns sein linker Arm zusammenhält und dass uns diese Pose nicht gelungen wäre, wenn er ihn weggezogen hätte. Und schließlich verraten die Abdrücke der Flaschen auf dem Tisch, dass die Kellner den Tisch selten abwischten …

UND DENNOCH LEBEN SIE

Ich nannte sie »Großmutter Hélène«, in Wirklichkeit war sie meine Tante und wohnte in der Rue de Louboulou direkt hinter dem Haus von Tonton Albert. Sie ging immer barfuß von Grundstück zu Grundstück und bot Gemüse, Früchte, Maniok, Fufu oder Palmwein in einer Korbflasche feil. Sie gehörte zu den Frauen, von denen man meinte, sie seien bereits alt, zahnlos, weißhaarig und mit dem zaudernden Gang eines verirrten Gastropoden geboren worden, so unmöglich war der Gedanke, dass auch Großmutter Hélène einmal jung gewesen war. Ihr Alter war nicht zu bestimmen, sie selbst wusste es nicht, denn sie hatte immer ohne Personalausweis und ohne Geburtsurkunde gelebt. Zu ihrer Zeit musste man bei den Kolonialbehörden vorstellig werden, um Ausweispapiere zu bekommen, die Beamten maßen die Körpergröße, nahmen die Zähne in Augenschein und versahen das geschätzte Geburtsjahr mit der berühmten Bemerkung: *Geboren um …* Weder sie noch ihr Mann, Vieux Joseph, hatten damals den Weg auf sich genommen, zumal etliche von der Kolonialverwaltung eingesetzte einheimische Oberhäupter, sogenannte »*chefs-coutumiers*«, denen es im Kampf gegen die Kolonialverwaltung nicht an Fantasie fehlte, Gerüchte verbreiteten, wonach die Weißen einen geheimen Plan verfolgten: Ihre Absicht sei es, die Seelen all derer nach Europa mitzunehmen, die bereit waren, ihren Personenstand behördlich feststellen zu lassen. Die Registrierten würden wieder zu Sklaven und auf die verhängnisvolle »Seereise« zu den Sklavenmärkten geschickt werden, die sie über Europa nach Amerika brächte, wo man sie versteigern würde. Danach mussten sie von morgens bis abends in den Plantagen ihrer unbarmherzigen Herren schuften. Nach Auffassung dieser Würdenträger hatten die Weißen so den Sklavenhandel begründet, denn ihnen sei klar gewesen, dass sie nicht die körperliche Kraft gehabt hätten, sich mit den Schwarzen zu messen und sie einzufangen. Damals regierte die Angst und erinnerte an jene Furcht, die die Dorfbewohner ergriffen hatte, als die ersten Fotoapparate ins Land kamen. In jener Zeit wurden alle erdenklichen, größtenteils aberwitzigen Argumente aufgeboten mit dem Ziel, die Bevölkerung davon abzuhalten, sich fotografieren zu lassen. Man zeigte mit dem Finger auf Europa, das im Ruf stand, allein durch die Entführung von Seele und Geist anderer Menschen fortzubestehen. Und man sprach über den Schneid der Alten, die, selbst wenn sie gegen ihren Willen fotografiert wurden, nicht auf dem Bild waren, weil sie engere Beziehungen zum Übernatürlichen hatten als der weiße Mann und in kluger Voraussicht gegen das Blitzlicht eine Hülle über ihre Seele gezogen hatten.

Wenn man Großmutter Hélène und ihren Mann nach ihrem Alter fragte, schwang jedenfalls immer leise die Unterstellung mit, dass sie zu alt seien und in das ferne Land aufbrechen sollten, in dem es niemals Tag wird, wie die Bembé glauben. Vieux Joseph schien noch so rüstig, dass man ihm ohne Weiteres einige Jahre weniger auflud als seiner Frau. Wortkarg wie er war, setzte er sich vor seiner Haustür in die Sonne – das Gestirn, das seiner Meinung nach das Fortbestehen auf Erden garantierte – und sah gedankenvoll zu, wie die Zeit verging. Sein linkes Augenlicht war erloschen, die ganze Pupille von einem großen, nässenden Tumor bedeckt, er sah nur noch mit dem anderen Auge. Dennoch entging ihm keine Einzelheit des Kommens und Gehens im Hof. Sein krankes Auge wurde von allen gefürchtet, die herumerzählten, der alte Mann benutze es im Dunkeln, um die Machenschaften der Hexer im Viertel aufzudecken und sie zu vereiteln, bevor es zu spät war.

Ihre älteste Tochter, Mâ Germaine, schien genauso alt zu sein wie sie. Es ging das Gerücht um, das alte Paar kenne das Geheimnis des langen Lebens und gebe dieses Wissen an seine Nachkommen weiter. Großmutter Hélène war sich dessen bewusst, wenn sie mit allen Anzeichen großer Verärgerung brabbelte:

»Wir sind schon alt, die Zeit hat uns vergessen, und wir haben sie auch vergessen. Darin liegt das Geheimnis unseres langen Lebens …«

Vieux Joseph stand völlig in Großmutter Hélènes Schatten, die in ihrem Leben immer irgendetwas zu tun fand und unablässig dafür sorgte, dass niemand in ihrer Umgebung mit verzweifelter Miene herumlief, und wenn doch, eilte sie zu ihm, nahm die Last von seinem Rücken und nuschelte ein paar tröstende Sätze, damit er Grund hatte zu glauben, am nächsten Tag würde alles bestens gehen. Man hatte ihr den Spitznamen »Mutter Teresa« verpasst, da sie sich, obwohl fast ein Dutzend Kinder mit ihr unter einem Dach lebten, mehr um das Schicksal anderer als um das ihrer eigenen Nachkommen kümmerte. Böse Zungen scheuten sich nicht, Großmutter Hélène nachzusagen, sie würde jedem, dem sie ein Geschenk machte, ein Lebensjahr rauben, um das Leben ihres Gatten und möglicherweise sogar das ihrer Kinder zu verlängern. Das erklärte das barsche Auftreten jener Leute, die nichts von der freigiebigen Alten annehmen wollten und sie bezichtigten, eine Hexe zu sein.

In Wirklichkeit war es so, dass sie sich seit ihrer Ankunft aus dem Dorf Louboulou nicht an die Vorstellung gewöhnt hatte, dass sie jetzt ein anderes Leben führte und dass die Umgangsformen der Stadtbewohner nicht dieselben waren wie die der Dorfbevölkerung. Hier war jede freundliche Geste verdächtig. Dort war Freundlichkeit eine Pflicht gewesen, die Schmarotzer, Egoisten und Individualisten von der Gemeinschaft fernhielt. In ihrem Kopf waren Pointe-Noire und besonders die Rue de Louboulou ihr Dorf, es war einfach hierher versetzt worden, und als Bäuerin, die in ihrem Heimatnest große Pflanzungen besaß, hatte sie folglich die Verpflichtung, ihren Wohlstand mit den Bewohnern zu teilen, wer auch immer sie waren, denn in diesem Geist war sie erzogen worden.

Die Hochachtung, die man ihr entgegenbrachte, hatte sie zu einer der ehrwürdigen Stammesältesten gemacht, wenn nicht sogar zum beschützenden Auge unserer Familie und der Bewohner der Rue de Louboulou. Sie bereitete stets eine Mahlzeit in einem großen Blechtopf zu, dann kreuzte sie auf der Straße auf, um irgendein Kind einzufangen, das gerade vorbeikam, und es vor einen gut gefüllten und dampfenden Teller zu setzen. Das kam auch den Gierschlunden zupass, und sie bekam es ebenso häufig mit Leuten zu tun, die das ausnutzten, wie mit Gaunern, die begriffen hatten, dass sie nur zur Essenszeit um ihr Haus herumschleichen mussten, um ein schmackhaftes Mahl zu erhalten. Bestimmt drückten sich deshalb so viele Erwachsene auf ihrem Grundstück herum und verließen es wieder vollgestopft wie eine Königsboa, die eine Antilope verschlungen hat. Wir Kinder dagegen vermieden es, uns lange in ihrer Umgebung aufzuhalten, denn wir hielten ihre Gutherzigkeit für eine heimliche Strafe, besonders wenn Großmutter Hélène applaudierte, nachdem man gegessen hatte, und dann ein breites Grinsen aufsetzte:

»So ist es gut, meine Kleinen! So ist es gut! Jetzt rülpst mal und beweist mir, dass es euch geschmeckt hat! Na los, rülpst! Hopp, hopp!«

Das war eine weitere Angewohnheit von ihr, die sie aus dem Dorf mitgebracht hatte: Sie wollte ihren Gast unbedingt rülpsen hören, sonst verdunkelte sich plötzlich ihre Miene und sie glaubte, schlecht gekocht zu haben. Wenn man dann gerülpst hatte – worüber sie strahlte –, füllte sie einem den Teller jedoch gleich wieder auf und setzte sich direkt vor einen hin, um sicherzugehen, dass man alles leer aß und erneut und noch lauter rülpste. Sie zeigte dann auf die Fleischstücke, die man als Erstes verputzen musste, und befahl einem sogar, viel zu trinken, damit die Mahlzeit »gut rutschte« und genügend Platz im Magen ließ, damit man noch mehr essen konnte. Während der große Topf sich leerte, weil sie jeden x-Beliebigen zu jeder x-beliebigen Zeit bediente, setzte sie schon wieder einen anderen aufs Feuer und listete aus dem Kopf die Namen derer auf, die noch nichts gegessen hatten und die sie mit Ungeduld und einem großen Holzlöffel in den Händen erwartete:

»Alberts Zwillinge, Gilbert und Bienvenüe, sind noch nicht vorbeigekommen, auch Jean-Pierre Matété und Mompéro nicht, obwohl sie heute normalerweise da sein müssten. Außerdem muss ich einen Teller für Sabine und Dorothée kochen und, nicht zu vergessen, für Kengué, Kimangou, Mizélé, Ndomba, Ndongui, Miyalou, Kihouari, Milébé, Matété, Nkouaka, Marie, Véronique, Poupy, Firmin, Abeille, Jean de Dieu und René …«

»Ich fürchte, ich habe nicht genug Maniok! Habe ich sonst noch was vergessen?«, hörte man sie fragen, während sie in Dampfschwaden gehüllt durch ihre Küche wirbelte.

Einmal meinten wir, einen Weg gefunden zu haben, um ihr auszuweichen, wenn wir keinen Appetit hatten. Man brauchte nur die Straße hinter dem Haus zu nehmen, die parallel zur Rue de Louboulou verlief. Eine Weile ging es gut, und Großmutter Hélène war mehr als bekümmert über diese massenhafte Fahnenflucht:

»Wo sind all die Kinder hin? Hindern ihre Eltern sie daran, zu mir zum Essen zu kommen? Seit zwei Tagen steht der Topf jetzt auf dem Herd, ich habe es satt, ihn noch einmal aufzuwärmen!«

Es war traurig zu sehen, wie sie drei Tage später zu einer öffentlichen Müllkippe ging und die verdorbene Mahlzeit unter Tränen wegkippte, während streunende Hunde

sich darauf freuten. Sie verfluchte sich dafür, solch un-
dankbare Nachkommen wie uns zu haben, doch schon am
nächsten Tag tat sie wieder, was sie am besten konnte: für
andere kochen.

Der Vielfraß Dieudonné Ngoulou, der ihr treu geblieben war und den wir hänselten, weil er der Schwächste
und der Feigste von uns allen war, verriet das Geheimnis.
Was für eine Überraschung war es für uns, als wir entdeck-
ten, dass Großmutter Hélène nun zur Essenszeit an der
Kreuzung der Rue de Louboulou und der Avenue de l'Indépendance hinter einem Mangobaum auf der Lauer lag,
selbstverständlich mit ihrem legendären Holzlöffel in der
Hand. Wie eine verwundete, auf Rache sinnende Raub-
katze sprang sie aus ihrem Versteck hervor, schnappte sich
einen der kleinen Schlauköpfe und schleifte ihn am Hemd
über den Boden in ihre Küche:

»Wolltest du mich etwa an der Nase herumführen? Du
hast wohl geglaubt, du bist klüger als ich, hm? Weißt du
denn, wann ich geboren bin? Du wirst mir heute drei vol-
le Teller essen, denn ich habe dich drei Tage nicht gesehen!
Jetzt gilt es, das Versäumte nachzuholen! Los, beeilen wir
uns, ich habe keine Zeit zu verlieren!«

Ihre Furcht vor den Weißen wurde zu einer Obsession, in
die sich absolute Ehrerbietung mischte. Im Übrigen war
sie davon überzeugt, dass einige Tag vor ihrem Tod eine
weiße Frau erscheinen, sie auf die Stirn küssen und ihr die
Pforten zur anderen Welt öffnen würde, damit sie dort
oben das Werk zu Ende führen könnte, das sie hier unten
begonnen hatte.

»Die Weißen führen die Menschen in das Land, in dem die Sonne niemals aufgeht, und ich weiß, dass es eine weiße Frau ist, die mich abholen wird, um mich dort hinaufzubringen …«

Das wiederholte sie bei jeder Totenwache im Viertel. Für viele waren dies die Hirngespinste einer Greisin, deren Geisteskräfte sie immer mehr verließen, je näher der verhängnisvolle Tag rückte. Doch Großmutter Hélène glaubte ernsthaft daran.

Einige Monat vor der Krankheit, die sie lähmen sollte, begann sie zur allgemeinen Verwunderung, ihre Habseligkeiten zu ordnen:

»Mein Körper lässt mich im Stich, ich werde immer kränker. Ich schaffe es nicht mehr, das Essen so zuzubereiten, wie es sich gehört. Die weiße Frau ist nicht mehr weit, ich sehe sie in meinen Träumen. Ich kann es kaum erwarten, dass sie mich erlöst …«

Sie kaufte eine große eiserne Seemannstruhe und einen Koffer und stellte sie in einer Ecke des Esszimmers auf ein altes Möbelstück. Ihre Sachen lagen bereit, man hörte sie murmeln:

»In dem Land, in dem die Sonne niemals aufgeht, werde ich für die anderen kochen, das weiß ich genau, ich darf also auf keinen Fall meinen Löffel vergessen … Die Kochtöpfe sind mir egal, die gibt es auch dort oben, aber dieser Holzlöffel ist mir wichtig, denn er gibt meinem Essen seinen Geschmack …«

Es kam vor, dass sie nachts vom Bett aufstand, um zu überprüfen, ob alles in Ordnung war und sie nichts vergessen hatte. Nach einer langwierigen Bestandsaufnahme, die einer Litanei ihres Letzten Willens glich, war sie beruhigt, kehrte in ihr Bett zurück, legte sich nieder, verschränkte die Arme und schloss endlich die Augen. Währenddessen nagte die Krankheit an ihrem gebrechlichen und von qualvollen Krämpfen geplagten Leib.

Jeder wusste, dass ihr letztes Stündlein am Horizont erschien, denn seit ein paar Monaten hatte sie für niemanden mehr gekocht und war an ihre Matratze im Esszimmer gefesselt gewesen, die Augen stets auf ihr Gepäck und ein Foto der Jungfrau Maria gerichtet. Als man ihr von meinem unmittelbar bevorstehenden Besuch erzählte, zeigte sie keine Regung und ließ ihre Besucher in dem Glauben, sie wüsste nicht, wer ich sei …

*

Vor der Tür zu Großmutter Hélènes Haus warnt mich Mâ Germaine, die ihre Rührung, mich nach so vielen Jahren wiederzusehen, nicht die Oberhand gewinnen lässt:

»Sie wird dich nicht wiedererkennen. Sie weiß nicht einmal mehr, dass ich ihre Tochter bin, und jedes Mal, wenn ich zu ihr gehe, regt sie sich auf, als wäre ich ein böser Geist! Seit sie bettlägerig ist, erkennt sie niemanden mehr. Zudem ist es dreiundzwanzig Jahre her, seit sie dich das letzte Mal gesehen hat …«

Trotzdem betrete ich das Zimmer, und mein Blick fällt auf die in eine Ecke geräumten Habseligkeiten der Alten. Die Jungfrau Maria hängt traurig an der Wand. Es riecht nach Pferdemist, doch niemand kommt auf die Idee, die Fenster zu öffnen und zu lüften.

Ich nähere mich dem Moskitonetz und erkenne darunter eine zuckende menschliche Gestalt. Das ist sie, die Alte. Zugedeckt mit weißen Laken, die nicht mehr ganz frisch scheinen, rührt sie sich kaum mehr, sie ist gefangen in einer Krankheit, deren Ursache man nicht kennt und die sie zwingt, liegen zu bleiben und ihre Notdurft auf dieser Matratze zu verrichten, die man auf den Boden gelegt hat. Die ganze Familie wechselt sich ab, um sie zu pflegen. Sie betrachtet die Besucher aus der Distanz und ächzt:

»Ich leide, ich leide sehr …«

Großmutter Hélène ist ein menschliches Wrack geworden, ihre einzige Verbindung zu unserer Welt ist die Luft, die sie noch atmet. Zusammengekauert unter diesem weißen Moskitonetz sieht sie aus, als läge sie in einem Sarg, fast wie ein Leichnam, der auf den Tag seines Begräbnisses wartet …

»Sie wird dich nicht mehr erkennen«, beharrt Mâ Germaine.

Ich ignoriere diese Warnung und schlage das Moskitonetz zurück, um die Alte besser zu sehen.

Da liegt sie, mit angezogenen Beinen wie ein Fötus und heiterem Gesicht. Sie hat gespürt, dass ich da bin, und öffnet die Augen, während ich mich zu ihr beuge.

Mit einer energischen Geste ergreift sie meine Hand:

»Bist du es?«

Ohne zu wissen, ob sie mich wirklich erkannt hat, nicke ich. Und da höre ich sie zu meiner großen Verwunderung stammeln:

»Weißt du, mein Kleiner, ich bin stolz auf mich, denn das Essen, das ich dir in deiner Kindheit gekocht habe, hat

dich wachsen lassen und du bist fast zwei Meter groß geworden … Nun gut, das alles ist lange her, sehr lange, und ich werde jetzt sterben wie deine Mutter Pauline Kengué, wie dein Vater Kimangou Roger, wie deine Tanten Bouanga Sabine und Dorothée Louhounou, wie dein Onkel Albert Moukila und dein Onkel René Mabanckou, nur dass ich wenigstens das Glück habe, dich noch gesehen zu haben, bevor ich zu ihnen gehe …«

»Du wirst nicht sterben, Großmutter …«

»Pah, hast du gesehen, was aus mir geworden ist? Ein Kadaver! Das war anders, als du fortgegangen bist … Ich falle den Menschen um mich zur Last ... Wenn ich noch die Kraft hätte, würde ich mir den Tod geben, aber ich kann mich ohne fremde Hilfe nicht mehr bewegen, und niemand will mir helfen, diese Erde zu verlassen, nicht einmal mein Mann ...«

Sie beginnt zu zittern, sieht ängstlich aus:

»Ich sehe ihn! Ich sehe ihn! Hilf mir, ihn zu vertreiben!«

»Wen soll ich vertreiben, Großmutter?«

»Den Schatten hinter dir!«

»Das ist kein Schatten, Großmutter, das ist jemand, der mit mir ...«

»Das ist ein Schatten, glaube mir, in letzter Zeit sehe ich immer mehr davon! Ich verjage sie mithilfe der Jungfrau Maria. Bitte, hilf mir, diesen Schatten zu verjagen, der mich anstarrt ... Tu es für mich.«

»Großmutter, es ist meine Freundin, die hinter mir steht, wir sind vor ein paar Tagen zusammen aus Frankreich gekommen ...«

»Ist sie eine Schwarze oder eine Weiße?«

»Eine Weiße.«

»Bist du sicher?«

»Ja.«

»Dann bin ich gerettet! Ich warte schon seit Jahren auf sie, jetzt kann ich gehen, sie ist gekommen, um mich zu erlösen ...«

DAS SCHLOSS MEINER MUTTER

Bei dem Familientreffen, das zur Feier meiner Ankunft organisiert worden war, bemerkte ich mir gegenüber zwei leere Stühle, vor denen jeweils ein mit Palmwein gefülltes Glas stand. Jeder wusste Bescheid, nur ich nicht. Um der Sache auf den Grund zu gehen, erkundigte ich mich, ob noch zwei Angehörige erwartet würden, denn wir waren bereits mehr als dreißig Personen auf dem Grundstück, das meine Mutter hinterlassen hatte. Eine Cousine sah mich betreten an und flüsterte mir ins Ohr:

»Auf diesen beiden Stühlen sitzen deine Mutter und dein Vater. Du glaubst, sie seien leer, aber sie sind besetzt...«

Und sie erklärte mir, dass noch andere Familienangehörige fehlten, die auf dem Friedhof Mont-Kamba begraben waren, der Nekropole der kleinen Leute am anderen Ende der Stadt ...

Ich drehte eine Runde auf Mama Paulines »Parzelle«, wie sie hier sagen. Es gibt eine winzige Hütte, die zurückgesetzt in einem Winkel des Grundstücks steht. Fast ein Schandfleck in dieser Nachbarschaft von gemauerten, an das Stromnetz angeschlossenen Gebäuden. Jeder im Voungou-Viertel hat sein Grundstück eingezäunt. Nur unsere Parzelle, auf der die Hütte sich entschlossen gegen jede Veränderung gestemmt hat und noch an jenes kommunistische Regime erinnert, unter dem es hieß, dass alles »dem Volk« gehöre, »nur für das Volk« da sei, hat keinen Zaun. Damals hielt man es für völlig nutzlos, die Grenzen seines Grundstücks zu markieren, da im Prinzip niemand etwas besaß außer dem Staat, der von seinen Vorrechten Gebrauch machen und die Bewohner enteignen konnte, wenn es »im kollektiven Interesse« war.

Als die einheimischen Oberhäupter das Bauland zum Verkauf freigaben, war es ratsam, »etwas« auf dem erworbenen Grundstück zu errichten, um zu vermeiden, dass die Gangster in der Stadtverwaltung es mit falschen Besitztiteln weiterverkauften. Man nannte diese Art prekärer Behausung »Übergangshaus«, hofften ihre Besitzer doch, später ein komfortables Wohnhaus auf dem Grundstück zu bauen. Da es ihnen an den finanziellen Mitteln fehlte, starben sie in der Regel, ohne dass ihr Traum Wirklichkeit wurde.

Meine Mutter erwarb ihre Parzelle im Februar 1979. Ich war gerade dreizehn Jahre alt geworden und besuchte das Collège des Trois-Glorieuses. Ich erinnere mich noch an den Besuch des Verkäufers, ein Grundbesitzer vom Volk der Vili, der mit meiner Mutter diskutierte und versuchte, den Wert in die Höhe zu treiben unter dem Vorwand, er hätte andere, höhere Gebote. Als routinierte Händlerin gab meine Mutter vor, sich nicht mehr für den Erwerb zu interessieren, und ließ den Besitzer wissen, er könne das Geschäft mit dem Meistbietenden machen, da sie ein anderes, besser gelegenes Grundstück in der Innenstadt gefunden habe.

Eine Woche später bekamen wir in der Wohnung, die

wir im Stadtviertel Fonds Tié-Tié gemietet hatten, erneut
Besuch von dem Besitzer. Jetzt klang er ganz anders, auch
von seinen überhöhten Forderungen war nicht mehr die
Rede. Wo waren die Kaufinteressenten, die bei ihm Schlange standen? Er verlor kein Wort mehr über sie. Als er ein-
willigte, das Bier zu trinken, das meine Mutter ihm anbot,
wusste ich, dass er kapituliert hatte und in die Falle ge-
tappt war, die Mama Pauline geschickt ausgelegt hatte, auf
deren Gesicht sich nun ein Siegeslächeln abzeichnete. Sie
weigerte sich sogar, den in dieser Gegend üblichen Durch-
schnittspreis zu zahlen.

»Ich kaufe diese Parzelle nicht für mich, sondern für
meinen Sohn«, hörte ich sie argumentieren.

Ich weiß nicht, welche anderen Gründe sie vorbrachte,
doch ich sah, wie sie zerknitterte Geldscheine zückte, einen
nach dem anderen auf den Tisch blätterte und sie dabei
unter dem gierigen Blick des Verkäufers laut zählte. Der
Händler packte das Geld in eine Plastiktüte, die er aus seiner Gesäßtasche zog. Was mich davon überzeugte, dass er
damit gerechnet hatte, den Verkauf sogleich abzuschließen,
denn wozu sonst hätte er diese Tüte eingesteckt.

Sie verabredeten sich für den nächsten Tag, um den
Verkauf amtlich eintragen zu lassen.

Wir waren jetzt Hauseigentümer geworden, und mein
Vater erfuhr davon erst später, an dem Tag, als wir ein-
zogen …

Auf dem Land, das wir erworben hatten, pflanzten wir
Mais an. Doch das reichte nicht, man musste den Gaunern
deutlich zeigen, dass wir die Besitzer waren. Tonton Mompéro, der jüngere Bruder meiner Mutter, begann deshalb

mit dem Bau eines Holzhauses. Ich stand gelegentlich hinter ihm, er ließ sich von mir die Säge, den Winkel, die Drahtstifte oder die Holzlatten reichen. Ich war stolz darauf, dass ich mich nützlich machen konnte, dass ich mir einbilden konnte, mit meinen kleinen Händen zum Bau unseres Hauses beizutragen. Während der Arbeiten bereitete meine Mutter in einer Ecke des Grundstücks die Mahlzeiten zu, die wir in der Mittagspause zusammen einnahmen. Sie hatte zwei zairische Maurer angestellt, denn sie wünschte sich einen festen Boden, auch wenn das Haus aus Holzbrettern gezimmert wurde. In weniger als einer Woche nahm unser Domizil mitten im Maisfeld Gestalt an. Und eines Morgens zogen wir aus der Wohnung, die wir in Fonds Tié-Tié gemietet hatten, in unser neues Zuhause, obwohl es so sehr stürmte, dass es Sturzbäche zu regnen drohte. Unser Haus hatte zwei winzige Schlafzimmer und ein kleines Wohnzimmer. Ich bewohnte das eine Zimmer, meine Eltern das andere. Tonton Mompéro schlief im Wohnzimmer in einem Bett, das er selbst gezimmert hatte. Und als zwei Angehörige aus dem Dorf ankamen – der Cousin meiner Mutter, Grand Poupy, und Papa Rogers Nichte Ya Nsoni –, überließ ich Letzterer mein Zimmer und schlief bei meinem Onkel im Bett. Grand Poupy breitete jeden Abend eine Matte auf dem Boden aus, und an manchen Tagen kam es vor, dass ich bei ihm schlief.

Als ich wieder hier stehe, kann ich mir kaum vorstellen, dass es dasselbe Haus ist, das uns einst gehörte. Das Familientreffen findet auf dem Hof statt. Man beobachtet eingehend meine Gesichtszüge, die erstarrt sind vor Verblüffung.

Tonton Mompéro, der mich gleich nach meiner Ankunft auf dem Grundstück herumgeführt hat, verrät mir, dass ein Teil des Hauses »abgeschnitten« wurde und es jetzt nur noch ein Zimmer habe, in dem er schläft.

»Darf ich einmal hineinschauen?«, fragte ich.

»Nein, das will ich nicht …«

Ich habe nicht darauf bestanden, und wir kehrten in den Hof zurück, wo die Stimmung stieg, seit die Getränke angekommen waren …

Als die Versammlung ihrem Ende zugeht, beuge ich mich zu meinem Cousin Kihouari und frage ihn nach der Bezugsbewilligung, die meine Mutter damals unterschrieben hatte. Es ist ein rosafarbener Fetzen Papier, den das Katasteramt auf den Namen und Vornamen meiner Mutter ausgestellt hat. Darauf ist vermerkt, dass das Grundstück eine Fläche von vierhundert Quadratmetern hat. Wenn ich den Blick darüberschweifen lasse, bezweifle ich, dass es so groß ist. Von Kihouari erfahre ich, dass es sehr wohl vierhundert Quadratmeter misst, genau wie vom Katasteramt angegeben, nur dass sich unsere Nachbarn an der Rückseite einige Quadratmeter davon abgezwackt haben, als sie die Mauer bauten, die unsere Parzellen voneinander trennt.

»Die Mauer steht in Wirklichkeit auf unserem Grundstück …«, stellt er resigniert fest.

In meiner Erinnerung waren die beiden Grundstücke einst nur durch Pflöcke und Stacheldraht voneinander abgetrennt. Zu jener Zeit hatten unsere Nachbarn ebenfalls ein »Übergangshaus« gebaut, das ein wenig größer war als unseres. Jetzt stehen dort eine große gemauerte Baracke und diese hohe Mauer, die uns den Blick verwehrt auf das, was bei ihnen vorgeht.

Tonton Mompéro spitzt die Ohren und schnappt auf, was Kihouari mir erzählt. Mit lauter Stimme, als sollten die Anwesenden seine Zeugen sein, fügt mein Onkel hinzu:

»Diese Nachbarn haben nach dem Begräbnis meiner Schwester Pauline Kengué nicht einmal zwei Wochen gewartet, dann haben sie diese lächerliche Mauer hochgezogen, ohne uns etwas davon zu sagen, und ganz nebenbei mehrere Quadratmeter von unserem Grundstück abgezwackt! Findest du das normal, ja? Diese Mauer steht auf unserer Parzelle!«

Der Unmut äußert sich in einem Tumult. Jeder möchte seinen Ärger über diese Ungerechtigkeit kundtun. Man wartet auf meine Reaktion.

Ich beruhige sie:

»Ich werde morgen aufs Katasteramt gehen und eine Neuvermessung des Grundstücks beantragen! Das kann man nicht einfach so hinnehmen, das ist Diebstahl!«

Meine Ankündigung wird mit einem Beifallssturm begrüßt. Nur Kihouari applaudiert nicht, dabei war ich mir sicher, dass er mich in meinem Entschluss unterstützen würde.

Er fordert mich durch einen Wink mit dem Kopf auf, ihm zu folgen, und wir entfernen uns von der Versammlung, um uns in einem Winkel direkt hinter der Hütte ungestört zu besprechen. Seine Miene hat sich verdüstert, er legt seine Hand auf meine linke Schulter.

»Ich flehe dich an, lass um Himmels willen deinen Plan für morgen fallen …«

»Was willst du damit sagen?«

»Geh nicht aufs Katasteramt …«

»Soll das ein Witz sein? Da stiehlt uns einer mehrere Quadratmeter, und du findest das normal? Sag die Wahrheit: Haben dir die Nachbarn Geld gegeben?«

»Nein, keineswegs! Wie kannst du so etwas annehmen? Ich, Kihouari, soll einen Teil des Grundstücks meiner Tante verkauft haben?«

»Wo ist dann das Problem?«

Er hält kurz inne und schaut hinüber zu den anderen Familienangehörigen. Die Gesellschaft beginnt langsam zu schrumpfen. Einige brechen auf, andere beobachten uns und fragen sich, was wir neben der alten Hütte zu besprechen haben.

Kihouari räuspert sich:

»Ich glaube, ich muss dir etwas sehr Wichtiges sagen, offenbar verkennst du die Realität in dieser Stadt, seit du nicht mehr hier lebst …«

Noch nie habe ich ihn so ernst gesehen. Seit dem Tod seiner Mutter Dorothée Louhounou – einer weiteren älteren Schwester meiner Mutter – sind ihm bestimmt sehr viele Pflichten zugefallen: Seitdem steht er als Familienoberhaupt über einem Dutzend Geschwistern und muss daher früher als andere Besonnenheit beweisen.

»Die Nachbarn, die du anklagen willst, gehören eigentlich fast zu unserer Familie. Der Eigentümer, Monsieur Goma, starb ein Jahr nach Tante Pauline Kengué. Monsieur Gomas Frau wurde von den Brüdern des Verstorbenen verjagt wie eine pestkranke Hündin. Was die Kinder anging, so verteilte man sie über das Dorf der Mutter.

Zwei von ihnen, Anicet und Apollo, leben heute in Frankreich und in London und haben nichts mehr von sich hören lassen. Sie müssen ungefähr so alt sein wie du, ihr habt immer auf dem Hof zusammen gespielt. Du bist zu ihnen zum Essen gegangen, und sie kamen manchmal zum Essen zu uns. Heute kümmert sich der jüngere Bruder des verstorbenen Monsieur Goma um ihre Parzelle. Es stimmt, er ist etwas gewöhnungsbedürftig, dennoch ist es ihm zu verdanken, dass die Parzelle nicht von denen verkauft wurde, die die Witwe verjagt haben, um sich das Erbe unter den Nagel zu reißen und die Kinder zu enteignen! Und nur deshalb habe ich Respekt vor ihm, glaub mir. Hast du bemerkt, dass er vorbeigeschaut hat, um uns Guten Tag zu sagen, und dass er darauf bestanden hat, mit auf die Fotos zu kommen, die wir gemacht haben, als du angekommen bist? Er heißt Mesmin, er kannte dich als Kind, und es war seine Art, mitzuteilen, dass er fast ein Mitglied unserer Familie ist. Wozu soll es also gut sein, ihn jetzt vor Gericht zu ziehen? Du wirst nach Europa oder Amerika zurückkehren und es uns überlassen, die Kartoffeln aus dem Feuer zu holen. Wenn wir die Erde verlassen, nehmen wir nichts mit von dem, was wir hier haben, ich sehe also keinen Grund, sich darum zu streiten …«

Ich bin perplex. Kihouari geht zurück zu den anderen, während ich die kleine Hütte mustere.

Ich gehe um das Häuschen herum und stolpere über Steine, die vor der Vorderfront liegen. Früher waren das die beiden Stufen der Eingangstreppe. Die Jahreszeiten haben an ihr genagt und nur diese verstreuten Trümmerteile übrig gelassen, die niemand wegzuräumen wagt aus

Respekt vor dem Andenken meiner Mutter. Die alten Holzbretter sind in unerschütterlicher Solidarität verbunden, sie halten zusammen und trotzen der Zeit. Zur Linken, auf der Seite des einzigen Fensters, entdecke ich einige Holzstücke und Bretter auf dem Boden, die sich wahrscheinlich durch Abnutzung gelöst haben. Niemand würde auf die Idee kommen, mit ihnen Feuer zu machen, man benutzt sie, um die Ecken abzustützen und den Einsturz der baufälligen Hütte so lange wie möglich aufzuhalten. Seile und Stöcke auf den Blechen halten die Bedachung fest. Der untere Teil der Eingangstür ist von Termiten zerfressen.

Ja, hier drin habe ich geschlafen. Die Träume waren nicht so beengt wie der Wohnraum in dieser Behausung. Im Gegenteil, wenn ich die Augen schloss und mir im Schlaf Reiseflügel wuchsen, war ich in einem großen Königreich und nicht in einer Bruchbude, die mich heute an eine Fischerhütte aus *Der alte Mann und das Meer* oder aus *Der Alte, der Liebesromane las* erinnert.

Da mich die Hütte so sehr beschäftigt, verliere ich das gemauerte Gebäude mit drei kleinen Wohnungen aus dem Blick, das ebenfalls auf dem Grundstück steht. In zweien wohnen Mieter und im dritten Kihouaris jüngerer Bruder mit seiner Frau und ihren drei Kindern.

Kihouari tritt hinter mich:

»Tante Pauline Kengué hatte mit dem Bau des gemauerten Hauses begonnen ... Als sie starb, waren es nur zwei Wohnungen, wir haben noch eine dritte angebaut ...«

Der Abend zieht herauf. Vor dem Grundstück hat ein Taxi gehalten. Tonton Jean-Pierre Matété hat es gerufen. Ich will schon einsteigen, als ich einmal mehr spüre, dass Kihouari hinter mir steht.

»Bruder, diese alte Hütte ist die Schande der Familie, wir werden sie abreißen, um an ihrer Stelle etwas anderes zu bauen ...«

Ich werfe ihm einen vernichtenden Blick zu.

»Kommt nicht infrage! Ich werde sie vielmehr restaurieren, denn welchen Sinn hätte dieser Ort, wenn die Hütte nicht mehr da wäre.«

Bevor ich in den Wagen steige, füge ich hinzu:

»Es ist das Schloss meiner Mutter ...«

Er sieht mich mitleidig an, da er nicht versteht, warum ich mich mehr für die Bretterbude als für das gemauerte Haus interessiere, auf das er offensichtlich stolz ist. Meine letzten Worte enttäuschen ihn:

»Eher reiße ich diesen Neubau ab und ersetze ihn durch etwas anderes ... Nächstes Jahr werde ich mit den Baumaßnahmen beginnen.«

Das Taxi fährt los, während Tonton Mompéro, Tonton Matété und Grand Poupy mir zum Abschied hinterherwinken. In ein paar Tagen werde ich zurückkommen ...

FÜR EINE HANDVOLL DOLLAR

An diesem späten Nachmittag irre ich durch Voungou.
Vielleicht, weil ich nach Anhaltspunkten suche, die mir die
Streifzüge meiner Kindheit durch dieses Stadtviertel in Erinnerung bringen könnten. Manchmal bleibe ich eine Weile reglos stehen und schließe die Augen, überzeugt davon,
dass sie mir nicht das wahre Gesicht der Dinge zeigen können, die in meiner Erinnerung herumschwirren und deren
Umrisse mit der Zeit unscharf geworden sind. Die Leute,
die mir begegnen, ahnen, dass ich nicht von hier bin – oder
vielmehr nicht mehr von hier bin –, denn wer, außer ir-
gendwelchen Verrückten, würde zum Beispiel vor einem
Haufen Unrat oder einem Tierkadaver stehen bleiben
oder sich vom Gackern eines Huhns rühren lassen, das
sich, warum auch immer, auf den Verkaufstisch eines
menschenleeren Markts verirrt hat?

Die Angehörigen, die ich gestern bei unserem Familientreffen gesehen habe, wissen nicht, dass ich mich zweihundert Meter vom Grundstück meiner Mutter entfernt
herumtreibe wie ein Verbrecher, der an den Ort seiner Tat
zurückkehrt, um sich zu vergewissern, dass er sie perfekt
ausgeführt hat, und um die Spuren zu verwischen, die zu
ihm führen könnten. Sähen sie mich, würden sie spontan
ein zweites Familientreffen mit zwei leeren Stühlen zum
Gedenken an meine Eltern abhalten.

Ich nehme deshalb die hinteren Straßen, ziehe meine

Schirmmütze tief über die Augenbrauen. Als ich an eine Kreuzung komme und zwei Taxis vorbeilasse, um danach den Marktplatz zu überqueren, höre ich vor mir aus der Ferne eine Frauenstimme:

»Brüderchen! Brüderchen! Brüderchen!«

Ich blicke auf und lasse mir meine Überraschung nicht anmerken: Es ist Georgette.

Sie steht mitten auf der Terrasse einer kleinen Bar. Sie ist das zweite der acht Kinder von Papa Roger und meiner »zweiten Mutter« Mama Martine. Ich entdecke auch Yaya Gaston, er sitzt hinter ihr mit einer Flasche Pelforth. Er trägt eine Sonnenbrille und einen orangefarbenen Overall wie die Hafenarbeiter von Pointe-Noire. Seiner sieht vergammelt aus, mit fettigen, schwarzen Flecken. Als ob er sich nicht umziehen und die Kleidung nicht nur bei der Arbeit tragen würde, sondern auch zum Flanieren durch die Stadt. Mit einem Handzeichen bedeutet er mir, ich solle zu ihnen kommen.

Es kommt mir seltsam vor, dass wir uns hier zufällig treffen, eine solche Fügung, denke ich, gibt es sonst nur in Italowestern, wo die Protagonisten plötzlich aus dem Nichts auftauchen, zwei oder drei Worte wechseln, die Pistolen ziehen und aufeinander schießen. Was tun sie an diesem Ort, von dem aus man das Grundstück meiner verstorbenen Mutter sehen kann?

»Komm, trink einen Schluck mit uns«, drängt Georgette, ohne indes ihre Freude zu zeigen, dass sie mich nach all den Jahren wiedersieht.

Zögerlich betrete ich die Bar.

Georgette, die die fünfzig überschritten hat, will sich

dem Fluch des Alters nicht beugen, sie bleicht sich die Haut und färbt sich das Haar. Dennoch entdeckt man an ihren Schläfen und im Nacken weiße Haare. Sie ist ein zierliches Persönchen mit dem Gesicht von Papa Roger – aus diesem Grund nannten wir sie einst »Fotokopie«, auch wenn sie sich schrecklich darüber aufregte. Yaya Gaston scheint sich mit dem Altwerden abzufinden, obwohl das Alter tiefe Spuren bei ihm hinterlassen hat. Er hat vom Alkohol rote Lippen und einen schlecht geschnittenen Kinnbart. Er versucht aufzustehen, um mich in die Arme zu schließen, doch es gelingt ihm nicht.

»Bleib sitzen!«, sagt Georgette zu ihm und bemüht sich, vor mir zu verbergen, was überdeutlich ist: Ihr großer Bruder ist betrunken, und so geht es alle Tage.

Sie deutet auf einen Hocker für mich und bestellt ein Bier. Mit undurchdringlichem Gesicht wie jemand, der seinen Groll verbirgt, beginnt sie das Gespräch:

»Was machst du in dieser Stadt? Glaubst du, man braucht dich hier?«

Ich stecke es weg, ohne mit der Wimper zu zucken. Sie lässt nicht locker:

»Du bist seit einigen Tagen in Pointe-Noire und hast uns nicht besucht!«

Yaya Gaston eilt mir zu Hilfe, er fällt seiner Schwester ins Wort:

»Ich habe dich vorgestern gesehen bei deiner Lesung im Institut français!«

Tatsächlich war ich ihm zwei Tage zuvor begegnet. Das Zusammentreffen war mir in unerfreulicher Erinnerung. Ich hatte mir Sorgen um ihn gemacht, aber auch um das

Andenken unseres Vaters. Ich bemerkte ihn in dem Augenblick, als man ihn aus dem Saal werfen wollte, weil er das Publikum störte. Obwohl er so betrunken war, dass er sich kaum auf den Beinen halten konnte, verlangte er vor Ende der Lesung unter dem Gelächter der Menge nach dem Mikrofon. Man reichte es ihm, er nahm es entgegen, doch dann wiederholte er immer wieder »Hallo! Hallo! Hallo!«, als ob er in einen Telefonhörer brüllte. Schließlich war es ihm unter dem Gelächter von dreihundert Gästen gelungen zu sagen:

»Hallo! Hallo! Hallo! Ich heiße Gaston. Ich bin der berühmte Yaya Gaston aus dem Roman *Morgen werde ich zwanzig*, der auch von unserem verstorbenen Vater Papa Roger erzählt! Ich bin der große Bruder dieses Herrn, des Schriftstellers vor euch! Er und ich sind vom selben Vater, derselben Mutter, aus demselben Bauch!«

Unter den Besuchern der Lesung wurde es unruhig. Yaya Gaston, dem man inzwischen das Mikrofon aus der Hand gerissen hatte, wurde von allen Seiten beschimpft. Als ich sah, dass die Sicherheitskräfte ihn mit Gewalt vor die Tür setzen wollten, sagte ich in mein Mikrofon:

»Lassen Sie ihn, er ist mein großer Bruder ...«

Totenstille im Saal, kurz darauf vom Triumphgeschrei Yaya Gastons unterbrochen:

»Was habe ich gesagt? Hat er nicht zugegeben, dass ich sein großer Bruder bin, vom selben Vater, derselben Mutter und aus demselben Bauch, hm? Ich verlange Respekt! Ich fordere Sie auf, mich zu respektieren! Ich bin eine Romanfigur! Ich bin berühmt, mich wird man sogar noch nach meinem Tod kennen! Wie viele von euch hier sind

Romanfiguren? Niemand! Ich sage es noch einmal: derselbe Vater, dieselbe Mutter, aus demselben Bauch! Jetzt kannst du mit deinem Vortrag weitermachen, Kleiner, ich sage nichts mehr, ich warte auf dich!«

Im Anschluss an die Lesung hatte ich mit ihm nur ein Treffen im Haus meines Vaters verabreden können.

»Gibst du mir Geld fürs Taxi?«

Schnell steckte er den Schein über zehntausend CFA-Francs ein, den ich ihm hinhielt, dann machte er auf dem Absatz kehrt und murmelte dabei:

»Wir erwarten dich zu Hause! Mama Martine lebt nicht mehr in Pointe-Noire, nach Papa Rogers Tod ist sie in ihr Dorf zurückgekehrt, aber ich werde ihr das Geld zukommen lassen, das du für sie mitgebracht hast. Ich werde allen erzählen, dass du gekommen bist …«

In der Nacht nach dem Vorfall im Institut français hatte ich nicht geschlafen. Ich zählte die Insekten, die über meinem Kopf gegen die große Glühbirne flogen. Hatte es mein Bruder nötig, an unsere Verwandtschaft zu erinnern und sich vor dieser Menschenmenge zu blamieren, in der sich manch einer finden ließ, der wusste, dass ich keinen Bruder und keine Schwester »vom selben Vater, derselben Mutter und aus demselben Bauch« hatte? Dachte er, dass nur das Blut zwei Menschen einander nahebringt, und nicht das, was sie gemeinsam erlebt haben? Er war auf jeden Fall überzeugt, dass es seiner Reputation guttun würde, wenn er behauptete, wir seien blutsverwandt. Hätte er andererseits erklärt, sein Vater habe mich adoptiert, dann hätte er ausgesehen wie ein Mann der fünfundzwanzigsten Stunde. Dass ich Yaya Gaston an diesem Abend so zerlumpt sah, hatte mich zutiefst betroffen gemacht. Der Spott, der sich über ihn ergoss, setzte mir zu, denn er traf mich genauso wie ihn. Das Publikum merkte es an dem Kloß, den ich auf einmal im Hals hatte, und daran, dass ich nicht mehr mit derselben Energie antwortete wie zu Beginn der Lesung. Yaya Gaston ist nicht irgendwer in meinem Leben, und deshalb gehört er zu den Hauptpersonen in *Morgen werde ich zwanzig*, wo ich ihn als einen sehr auf Sauberkeit bedachten jungen Mann, als ein Idol, einen Helden, als einen großen Bruder im wahrsten Sinn des Wortes porträtiere. Er hatte mich unter seine Fittiche genommen, und trotz der Eifersucht seiner Brüder »vom selben Vater, derselben Mutter, aus demselben Bauch« wohnten wir in einem Zimmer, wenn ich bei Papa Roger war. Die Erinnerungen an jene Zeit und an die vielen wechselnden Freundinnen von Yaya Gaston – darunter die großherzige Geneviève –, die unser kleines Zimmer belagerten und alle in ihn verliebt waren, verfolgen mich noch immer.

Ich wollte meinen großen Bruder wiedersehen. Es war gut, dass ich mich mit ihm im Haus unseres Vaters verabredet hatte, dachte ich, denn angesichts seines Zustands in jener Nacht konnten wir uns nicht in Ruhe unterhalten. Allerdings hatte er dieses Treffen nicht abgewartet und war zusammen mit Georgette unweit vom Haus meiner Mutter in dieser Bar auf der Lauer gelegen, in der Hoffnung, mich zu erspähen.

Ich hatte keine enge Beziehung zu Georgette. Sie war ständig mit ihren Freundinnen unterwegs gewesen und ließ sich auch durch Papa Rogers Zorn nicht davon abhalten, oft auszureißen. Georgette war damals ein Mädchen, das »mit der Mode ging« und fortwährend mit Mama Martine und manchmal auch mit Yaya Gaston im Streit lag, dem wir eigentlich Respekt schuldeten, weil er der älteste Sohn der Familie war. Sie kleidete sich auf eine Weise, die ans Anstößige grenzte, in einer Zeit, da die pontenegrinische Jugend ihr Augenmerk auf die Sape richtete, die *Société des ambianceurs et des personnes élégantes* (Gesellschaft der gut gelaunten und elegant gekleideten Personen). Ihre Liebhaber waren »Pariser«, junge Männer, die während der Trockenzeit aus Frankreich kamen, um ihre außergewöhnliche Kleidung in der Heimat vorzuführen. Ihre Haut hatten sie mit Produkten auf der Basis von Hydrochinon gebleicht, und Schmerbäuche waren ihrer Meinung nach ein Zeichen von Eleganz, da ein gewölbter Bauch Gürtel und Hose besser hielt als ein flacher. Die Ankunft dieser jungen Helden in Pointe-Noire säte Streit in den Familien. Die Mädchen verliebten sich Hals über Kopf, wurden rebellisch und verbrachten ganze Nächte im Schlepptau der Pariser in den verschiedenen Bars.

Beim Wiedersehen mit meiner Schwester habe ich sofort begriffen, dass diese Falle auf ihr Konto ging und dass sie Yaya Gastons Trunkenheit ausgenutzt hatte, der ihr einfach nur gefolgt war.

*

Der Kellner stellt ein Bier vor mich.

»Trink, solange es kalt ist«, rät mir Georgette, die aussieht, als habe sie sich beruhigt.

Ich tue, was sie sagt, während sie mit siegessicherem Gesichtsausdruck hinzufügt:

»Wir wussten, dass du dich beim Grundstück deiner Mutter herumtreiben würdest, deshalb haben wir hier seit Mittag Stellung bezogen! Du hast deine Mutter immer mehr geliebt als unseren Vater!«

Ein junger, etwa dreißigjähriger Mann setzt sich zu uns. Georgette bemerkt meine Verwunderung und stellt ihn mir vor:

»Das ist der Cousin von Papa Roger, also auch dein Cousin. Ich habe ihn gebeten herzukommen. Er nimmt das Geld in Empfang, das du Papa hättest geben können, wenn er noch am Leben wäre …«

Mit einem Kopfnicken stimmt Yaya Gaston zu:

»Mach dir nichts draus, Brüderchen, gib ihm fünfzig-tausend CFA-Francs, und dein Cousin wird zufrieden sein!«

Georgette fährt von ihrem Hocker hoch:

»Was? Fünfzigtausend CFA-Francs? Weißt du, was du da sagst, Gaston? Ist das die Summe, die unseren Vater wieder zurückbringen könnte? Und wie viel wird er dann mir geben? Genauso viel?«

Yaya Gaston bleibt die Antwort nicht schuldig:

»Immer mit der Ruhe, Schwester, ich bin mir sicher, dass unser kleiner Bruder mindestens hunderttausend CFA-Francs für dich springen lässt! Ich weiß, wie großzü-gig er ist!«

»Kommt nicht infrage! Ich lasse mich doch nicht zum Narren halten! Nach all den Jahren, die er im Ausland ver-bracht hat, ohne uns zu besuchen, bin ich nicht bereit, ein

Almosen zu akzeptieren! Ich frage dich, hat er uns je etwas überwiesen, seit er fortgegangen ist? Ich brauche eine Million CFA-Francs! Wir haben unseren Papa allein begraben, wir haben Geld ausgegeben, und er hat nichts geschickt! Bildest du dir ein, dass ich, Georgette, hunderttausend CFA-Francs von ihm annehmen werde? Niemals! Wenn er mir hunderttausend Francs gibt, werfe ich sie auf die Straße, das kannst du mir glauben!«

Ich überschlage die Summe im Kopf: Ich habe nur dreißigtausend CFA-Francs in der Tasche, weit weniger als die horrende Summe, mit der meine Schwester rechnet, die mir immer unsympathischer wird. Ich sehe ihr nicht mehr in die Augen, von nun an ist sie für mich eine Fremde. Sie spricht nur über Geld, kein Wort des Gedenkens an unseren Vater. Im Großen und Ganzen soll ich die Kosten für die Bestattung von Papa Roger übernehmen. Ich frage mich, warum in der Familie meiner Mutter niemand eine solche Haltung an den Tag gelegt hatte, obwohl ich auch bei der Bestattung von Mama Pauline nicht dabei war, warum man mir hinterher nicht die Rechnung dafür präsentiert hatte. Ich versuche, meinen Ärger runterzuschlucken.

Der angebliche Cousin meines Vaters mustert von Zeit zu Zeit meine Schuhe. Irgendwann macht er schließlich den Mund auf:

»Gibst du mir deine Schuhe?«

Yaya Gaston schaut ebenfalls auf meine Camper, die in der Hitze sehr praktisch sind.

»Diese Schuhe gibst du mir, Brüderchen! Papas Cousin kann sich welche kaufen von dem Geld, das du ihm gibst …«

Der angebliche Cousin mustert das weiße Hemd und die Jeans, die ich trage. Er hat noch nicht den Mund geöffnet, da kommt Yaya Gaston ihm zuvor:

»Das Hemd und die Jeans sind schon vergeben! Ich nehme sie gern. Und der kleine Bruder sollte mir dazu noch einen Anzug schenken, den gleichen, den er bei seiner Lesung getragen hat ...«

Ich weiß nicht mehr, wie ich meinen Kopf aus der Schlinge ziehen kann. Ich suche einen Vorwand, um wegzukommen:

»Unsere Verabredung im Haus unseres Vaters, gilt die noch?«

»Selbstverständlich!«, antwortet Georgette. »Ich habe allen Bescheid gesagt und jeder wartet ungeduldig auf seinen Anteil, aber mir musst du meinen Anteil jetzt geben, denn ich möchte nicht mit den anderen sein, wenn sie sich darum streiten.«

»Ich habe nichts dabei, ich habe nicht damit gerechnet, euch in diesem Stadtteil zu treffen und ...«

Yaya Gaston fällt mir ins Wort:

»Hör mal, Brüderchen, wenn du bloß zwanzig- oder dreißigtausend CFA-Francs hast, gib sie uns für die Fahrt. Den Rest kannst du uns bei dem Treffen bei uns zu Hause geben.«

Georgette ist anderer Meinung:

»Gaston, könntest du vielleicht mal die Klappe halten? Du hast doch gehört, was ich gesagt habe, oder? Willst du, dass man mir vor den Augen der ganzen Familie so viel Geld gibt? Suchst du Streit, oder was?«

»Er braucht doch bloß eine Stunde früher zu kommen,

dann verschwindet ihr in einer Kneipe und er gibt dir das Geld!«, mischt sich der angebliche Cousin ein.

»Keine schlechte Idee«, bestätigt Yaya Gaston.

Georgette sucht nach einem Argument, um diesem Vorschlag etwas entgegenzusetzen, doch das dauert zu lange. Schließlich streckt sie die Waffen:

»Einverstanden, so machen wir's! Gib uns jetzt schon mal die zwanzig- oder dreißigtausend CFA-Francs für die Fahrt.«

Ein Taxi von der Bar zum Haus meines Vaters würde weniger als tausend CFA-Francs kosten. Ich habe keine Lust mehr zu verhandeln und krame in meiner Hosentasche. Ich ziehe zwei Scheine hervor und lege zwanzigtausend CFA-Francs auf den Tisch. Georgette steckt sie ein, ohne dass die beiden anderen einen Mucks tun. Mir bleiben zehntausend CFA-Francs für ein Taxi und das Essen im Restaurant Chez Gaspard.

Beim Aufstehen weiß ich bereits, dass ich nicht zu diesem Familientreffen gehen werde, dass ich aus Pointe-Noire abreisen werden, ohne Yaya Gaston wiederzusehen – wegen Georgette.

Als ich aus der Bar hinaustrete, teilen sie die zwanzigtausend CFA-Francs untereinander auf. Ich existiere nicht mehr für sie, denn ich höre, wie Georgette die anderen anschreit:

»Nein! Ich nehme zwölftausend, und ihr beiden teilt euch die achttausend!«

DIE FRAU MIT DEN ZWEI GESICHTERN

Meine Cousine Bienvenüe liegt im Krankenhaus Adolphe-Sicé. Ihr Zwillingsbruder Gilbert hat es mir vor wenigen Minuten am Telefon mitgeteilt.

»Da du in der Nähe vom Krankenhaus wohnst, könntest du bei ihr vorbeischauen, sie würde sich freuen.« Er ließ nicht locker.

Ich werde sie vielleicht nicht besuchen, dazu werde ich nicht den Mut finden, auch wenn ich vom Balkon des Appartements, das ich bewohne, das baufällige Kolonialgebäude sehe, das fast am Rand der Stadt liegt und seine Rückseite dem Atlantik zuwendet. Seit ich hier bin, betrachte ich es jeden Morgen und trinke dabei einen Kaffee. Wenn sich ein Rabe auf sein Dach setzt, denke ich, er zählt die Fahrten der Rettungswagen zwischen der Innenstadt und diesem schmucklosen, verfallenen Gebäude, das die Bevölkerung oft als »Sterbehaus« bezeichnet. In meiner Jugend lag es auf meinem Schulweg zum Karl-Marx-Lyzeum, und jedes Mal, wenn ich daran vorbeiging, schnürte es mir vor Angst die Kehle zu. Wie die meisten Oberschüler war ich überzeugt, dass man nicht in seine Richtung blicken durfte, wollte man kein Unglück über seine Familie bringen. Die Erwachsenen behaupteten steif und fest, man dürfe »dem Krankenhaus nie sein Gesicht zeigen«, es würde sich dieses merken, sich daran erinnern und einem das Leben nehmen, wenn man eines Tages dort eingeliefert werde. Einige von uns zogen ihr Hemd vors Gesicht, wenn wir dem Gebäude näher kamen. Andere wandten ihm beim Vorübergehen den Rücken zu. Diese Angst wurde in Wirklichkeit von einem Mann namens Basile ausgelöst, der in dem Krankenhaus für die Leichenhalle verantwortlich war. Man erzählte sich, er würde Dinge tun, die zumindest seltsam seien. Er unterhielte sich mit den Leichen, schlüge sie mit der Peitsche, wenn sie nicht still lagen in ihren Kühlkammern. Sein Zorn wäre am stärksten, wenn es sich um die Leichen junger Mädchen handelte, denen er vorwerfen würde, sie hätten ein ausschweifendes Leben geführt. Er gäbe ihnen Ohrfeigen, schminkte sie, stopfte mehrere von ihnen wie Tiere in einen einzigen Sarg und wütete:

»Und? Jetzt ist es vorbei mit dem Herumstolzieren, was? Habt ihr geglaubt, ihr könntet dem Leichenhaus entkommen? Es gibt nur eines in dieser Stadt! Für mich ist ein Mensch nur ein Haufen Fleisch, von dem sich irgendwann die Würmer ernähren!«

In den Wohnvierteln der Armen konnte man Basile jederzeit antreffen, wie er wild gestikulierend mit unsichtbaren Personen sprach. Die Hunde liefen ihm hinterher, doch sie achteten darauf, diesem kleinen Mann mit dem blutunterlaufenen Blick nicht zu nahe zu kommen.

Schließlich war überall bekannt, dass Basile kein Fleisch aß, da er überzeugt war, er habe schon Fleisch jeder Art gesehen, für ihn gebe es keinen Unterschied zwischen Rindfleisch und Menschenfleisch …

Gilberts Stimme war beinahe erloschen:

»Bienvenüe liegt in Zimmer 1. Du weißt, das ist das Zimmer, in dem auch Papa lag …«

Nach einem Augenblick des Schweigens setzte er geheimnisvoll hinzu:

»… und da Papa in diesem Zimmer gestorben ist …«

Dieser Schluss klang, als beugte er sich einem verhängnisvollen, lang erwarteten Urteil. Da mir nicht sofort die richtigen Worte einfielen, mit denen ich ihn beruhigen konnte, begnügte ich mich mit der Frage:

»Gibt es denn kein anderes Zimmer als dieses?«

»Alle sind belegt, und Zimmer 1 war nur frei, weil die Leute ihre Kranken lieber wieder nach Hause mitnehmen, als sie dort einweisen zu lassen … Aber ich konnte mir das nicht erlauben, denn sie litt sehr …«

Tonton Albert starb vor über drei Jahrzehnten nach einem Aufenthalt in diesem Zimmer 1, in dem vor ihm, und zwar lange vor ihm, zwei andere Familienangehörige gelegen hatten, Onkel Mouboungoulou und Onkel Makita, die beide »nach langer Krankheit im Adolphe-Sicé-Krankenhaus« verstorben waren, wie es in den Todesanzeigen hieß, die wir abends im Radio hörten und bei denen die Todesursache nicht bekannt gegeben werden musste.

»Außerdem haben sie keinen Facharzt für ihr Leiden, ich habe mit Cousin Paulin telefoniert, der jetzt Arzt an der Universitätsklinik in Brazzaville ist. Er kann erst in drei Tagen nach Pointe-Noire kommen. Im Augenblick bekommt Bienvenüe nur Aspirin …«

»Sie wird es schaffen«, murmelte ich, »vergiss nicht, dass sie deine Zwillingsschwester ist, ihr seid eins …

Wenn du daran glaubst, wird sie durch deine Kraft wieder gesund werden.«

Diese Worte trösteten meinen Cousin, denn er stieß beim Auflegen einen Seufzer der Erleichterung aus …

Am Abend vor ihrer Aufnahme ins Krankenhaus hatte mir Bienvenüe noch eines ihrer Jugendfotos gezeigt. Im Grunde wusste ich, dass es ihr dabei nur um eines ging: den mageren Körper auszublenden, den sie heute hatte, und mich in eine Zeit zu versetzen, als sie das schöne junge Mädchen war, das den Jungs den Kopf verdrehte. Sie schien sich dafür zu entschuldigen, dass sie zu der geworden war, die sie war. Daran war nichts verwunderlich, ganz gleich in welcher Verfassung sie sind, Kranke suchen für gewöhnlich immer Zuflucht in Attesten. Hatte sie Gründe, sich mir gegenüber so zu verhalten, obwohl ich sie schön und voller Lebensfreude in Erinnerung hatte? Damals – sie war ungefähr zwölf Jahre alt – schliefen wir, Gilbert, sie und ich, zusammen in einem Bett. Dass ich zwischen den Zwillingen lag, wirkte in gewisser Weise ausgleichend: Ich war eine Trennmauer, eine Fassade, die sie anstiftete, erste Schritte in die Unabhängigkeit zu unternehmen, anstatt die Welt nur aus dem Blickwinkel von Zwillingen zu betrachten. Wir bildeten stets ein unzertrennliches Trio. Trotz seines Rufs, ein verzogenes und unverbesserlich egoistisches Kind zu sein, mochte mich Gilbert so sehr, dass er mich sogar mit den Spielsachen spielen ließ, die seine liebsten waren – besonders eine elektrische Eisenbahn, die in unseren Augen das schönste Spielzeug auf der Welt war. Man konnte damit Reisen unternehmen, über Brücken fahren, Indianerstämmen begegnen oder sich epische Schlachten vor einem Geisterbahnhof liefern. Gilbert scheute sich aber nicht, mich zum Sündenbock zu machen, um seine peinlichsten Schwächen auf mich abzuwälzen. Ich denke zum Beispiel an seine Angst vor der Dunkelheit. Tonton Albert löschte häufig das Licht wegen der Stromrechnung, was nicht gerade hilfreich war, meinen Cousin zu beruhigen. Der lag schlotternd im Bett, denn er war überzeugt, dass ein dreiköpfiges Ungeheuer, das in den Gullys der Rue de Louboulou hauste, mitten in der Nacht auftauchen würde, um uns zu verschlingen. Er beschrieb diese Kreatur in Bildern, die er *Frankensteins Monster im Kampf gegen Ghidorah* entnommen hatte, einem Film der Godzilla-Reihe, den seine großen Brüder Jean de Dieu, Firmin und Abeille mithilfe eines Vorführapparats, den ihnen ihr Vater geschenkt hatte, im Hof an die Wand warfen. In diesem Film kommt eine Prophetin von einem anderen Planeten auf die Erde, um vor der drohenden Ankunft eines dreiköpfigen Drachen namens König Ghidorah zu warnen. Allein Rodan und Godzilla, die ebenfalls zurückgekehrt waren, hatten es in der Hand, uns zu retten, doch um die entsetzliche Kreatur zu besiegen, mussten sie sich mit Mothra verbünden. Und da Gilbert sich sicher war, dass Rodan und Godzilla nicht bis in die Rue de Louboulou vordringen würden, um uns zu retten – denn diese Durchgangsstraße war auf keiner Karte der Welt verzeichnet –, bat er darum, zwischen Bienvenüe und mir schlafen zu dürfen, und versteckte sich bis zum frühen Morgen unter der Bettdecke. Er hatte so viel Schiss, dass er nicht einmal den kleinen Nachttopf benutzte, den

mein Onkel immer direkt an den Eingang zum Schlafzimmer stellte. Wäre er aus seinem Versteck gekommen,
hätte er riskiert, dem dreiköpfigen Monster direkt ins
Maul zu spazieren. Er pinkelte heiß und literweise ins Bett
und beschuldigte mich am nächsten Morgen, für diese
Peinlichkeit verantwortlich zu sein. Und auch seine
Schwester kam mir nicht zu Hilfe, als Tonton Albert mich
ausschimpfte und es schwer auf mir lastete, dass ich zum
Schweigen verdammt war. Denn für den Fall, dass ich ihn
verriet, drohte mir Gilbert, er würde mir seinen Zug nicht
mehr überlassen oder, was noch schlimmer war, ich dürfe nicht mehr bei ihnen schlafen ...

Tonton Alberts ganze Sorge galt der Zwillingsschwester, die er von allen Kindern am meisten verhätschelte.
Darüber ärgerte sich Gilbert, der in seiner Ecke schmollte,
sich aber beruhigte, wenn seine Schwester ihm die Hälfte
der Geschenke gab, die sie von meinem Onkel erhalten
hatte. Auch meine Mutter war Bienvenüe zugetan. Kam
sie zu Tonton Albert, erkundigte sie sich sogleich:

»Wo ist mein Mädchen, wo ist meine Bienvenüe?«

Dann stürzte Bienvenüe aus dem Schlafzimmer Mama
Pauline entgegen, die Tante Mâ Ngudi die Erlaubnis
abrang, sie für einen Tag mit auf den Grand Marché zu
nehmen.

»Aber Pauline, Bienvenüe ist deine Tochter! Warum
fragst du mich um Erlaubnis, wenn du sie mitnehmen
willst?«

Am Abend kam Bienvenüe mit den Händen voller Geschenke zurück. Ich war heimlich auf sie eifersüchtig, besonders weil meine Mutter mich nie mit auf den Markt ge-

nommen hatte, wo ich ihr beim Handeln mit ihren Kunden hätte zusehen und währenddessen die Situation ausnutzen können, um Erdnüsse zu knabbern, eine reife Banane mit Beniner Beignets zu verspeisen und Ingwersaft zu trinken.

Tatsächlich fürchteten wir Bienvenüe, nicht wegen ihres aufbrausenden und unberechenbaren Charakters, sondern weil es in unserem Stamm den Glauben gab, dass eine Zwillingsschwester mächtiger war als ihr Zwillingsbruder. Wenn Bienvenüe wütend war, machten wir uns folglich aus dem Staub, bis sie uns suchen kam und versicherte:

»Kommt zurück, ich werde euch nicht mit einem Fluch belegen, meine Wut ist verflogen …«

Es gab noch einen anderen Glauben, dessentwegen Gilbert und ich immer wieder die Flucht ergriffen und uns auf dem Grundstück von Großmutter Hélène versteckten, und der besagte, dass eine wütende Zwillingsschwester imstande war, einem über eine Stunde lang die Ohren zu verstopfen.

Was aber waren unter diesen Umständen die geheimen Kräfte von Gilbert? Wir wussten es nicht, bestimmt hatte er sie seiner Schwester übertragen, wie es bei zweieiigen Zwillingen angeblich der Fall war, denn nach demselben Glauben lag bei Geschlechterungleichheit der Vorteil immer bei den Mädchen.

Jedenfalls freute sich Bienvenüe, mich zu sehen und mir ihre Fotos zu zeigen, doch ihr Bruder hatte mir nicht gesagt, dass er sie am nächsten Tag ins Krankenhaus bringen würde. Ohne sich etwas anmerken zu lassen, ertrug er die Begeisterung seiner Schwester, deren Augen vor Nostalgie glänzten.

»Was hast du in den dreiundzwanzig Jahren im Ausland gemacht? Ich habe mich nicht einmal mehr daran erinnert, dass du ein wenig größer bist als Gilbert!«

Als ob die Fotos, die ich gesehen hatte, nicht ausreichten, um sie zu überzeugen, dass mir ihre einstige Schönheit in Erinnerung geblieben war, bat sie ihren Bruder, ein weiteres Bild, das ihr am Herzen lag, von der Wand zu nehmen.

»Ich möchte mit diesem Foto fotografiert werden!«

Sie setzte sich in den grünen Sessel im Salon, stellte das Bild gut sichtbar auf die Knie, damit die Kamera sie mit einem zaghaften Lächeln aufnehmen konnte, was in mir die Überzeugung festigte, dass sie noch genug Kraft hatte, um gegen ihre Krankheit zu kämpfen, die von Tag zu Tag schlimmer wurde.

Ich sah ihr direkt in die Augen:

»Du schaffst es, glaub mir …«

Sie verjagte einige Fliegen, die sich wagemutig auf ihre tauben Füße gesetzt hatten, und suchte nach Entschuldigungen:

»Es ist das Blut … Es zirkuliert nicht mehr richtig, und meine Nieren sind ein wenig verstopft … Die Fliegen profitieren davon …«

Jetzt betrachtete ich die Decke des Wohnzimmers, die vom Regenwasser zerfressen war und aussah, als könnte sie jeden Augenblick einstürzen.

»Ich muss sie ausbessern lassen«, murmelte Gilbert, dem meine eingehende Betrachtung der Decke peinlich war.

Die Nacht brach herein. Ich umarmte Bienvenüe und die Kinder. Gilbert wollte mich unbedingt bis zur Avenue de l'Indépendance begleiten, wo ich in ein Taxi steigen würde. Bienvenüe stand mit ihrer Tochter, ihren Nichten und Neffen vor der Tür und sah uns hinterher. Sicher dachte sie, es wäre das letzte Mal …

Ein Rabe setzt sich auf das Krankenhausdach. Ich glaube nicht, dass er eine schlechte Nachricht überbringen wird. Denn irgendetwas sagt mir, dass Bienvenüe von ihrer Krankheit genesen wird. Dennoch blickt der Vogel in mei-

ne Richtung und öffnet seine Flügel, als wollte er zu mir kommen. Auf der Durchgangsstraße vor dem Gebäude des Institut français fährt kein Auto mehr. Eine plötzliche Ahnung überkommt mich, ich leere meinen Kaffee in einem Zug und kehre in den Salon zurück, um die Notizen zu lesen, die ich mir bis jetzt gemacht habe, und um an diesem Buch weiterzuschreiben …

Ich habe jetzt viele »Nichten« und »Neffen«. Auf Tonton Alberts Parzelle umringt mich eine kleine Schar mit großen Augen, die mich verschlingen, und kleinen Händen, die an meinem Hemd ziehen. Sobald ich einen Schritt mache, folgt mir dieser brummende Schwarm, und wenn ich stehen bleibe, bleibt er auch stehen, womöglich aus Angst, ich könne verschwinden. Für diese Knirpse bin ich ein Geist, ein Schatten, der sich auflöst, wenn die Sonne untergeht. In ihrem Bewusstsein bin ich nichts weiter als eine Erscheinung, die ihre Eltern geschickt konstruiert haben, und zwar so sehr, dass die armen Kinder sich einbilden, ich könne die Lahmen gehend und die Blinden sehend machen. Einer von ihnen – er überragt alle – schnuppert an mir wie ein Hund, der versucht, seinen zu lange abwesenden Herrn zu erkennen. Jeder möchte als Erster sprechen. Einer wünscht sich Sandalen und stürzt sich in abstruse Erklärungen:

»Weißt du, wenn du keine neuen Sandalen hast, Onkel, schaffst du es nicht pünktlich zur Schule, weil du zwei Stunden damit zu tun hast, sie auf der Straße zu reparieren, und wenn du das deinem Lehrer erklärst, will er es nicht glauben, er sagt, du bist nur ein kleiner Lügner, aber das stimmt überhaupt nicht, weil ich gar nicht lügen kann! Glaubst du mir, Tonton?«

»Sicher, Antoine.«

Er ist glücklich, hüpft in die Höhe, während ich hinter mir eine leise, schüchterne Mädchenstimme höre:

»Tonton, ich möchte dasselbe Kleid wie Ursule!«

»Wer ist Ursule?«

»Das kann ich dir nicht sagen … Hier sind zu viele Kinder, sie würden sich über mich lustig machen.«

»Na, dann sag es mir ins Ohr …«

Ich gebe den anderen ein Zeichen, damit sie ein wenig zurücktreten, und beuge mich hinunter, um mit der kleine Julie auf Augenhöhe zu sein. Mit dem Mund an meinem Ohr wispert sie:

»Ursule ist gemein! Sie ist meine Feindin …«

»Deine Feindin?«

»Ja, sie hat mir meinen Freund weggenommen, weil ihr Vater ein rotes Kleid mit gelben Blumen für sie gekauft hat. Deshalb möchte ich dieses Kleid, dann hat mich mein Freund wieder lieb …«

Da sie mir ins Ohr spricht, flüstere ich ihr meine Antwort ebenfalls ins Ohr. Das Spiel macht die anderen eifersüchtig, ich merke, wie verärgert die meisten dreinschauen. Ihrer Ansicht nach wird Julie bevorzugt und jeder will auf diese Weise mit mir sprechen, aber ich richte mich wieder auf.

Sie rattern Listen herunter wie Marktschreier. Je mehr ich verspreche, desto mehr Wünsche werden vorgetragen. Manche sind relativ maßvoll wie die Bitte Célestins:

»Ich wünsche mir Kojak-Lutscher.«

Ein anderer ist mehr auf Errungenschaften der Moderne aus:

»Ich will ein Videospiel, das ich gestern im Fernsehen gesehen habe!«

Ein kleiner Popanz drängt die Kinderschar zurück:

»Tonton, ich bin der Klügste von allen! Für mich wäre ein Laptop …«

Ein anderer widerspricht:

»Er lügt, Tonton, hör nicht auf ihn, er hat das dritte Schuljahr wiederholt und gleich darauf noch eines! Ich bin der Klügste, und ich möchte mit dir nach Frankreich und nach Amerika gehen!«

Ich habe keine Ahnung, wie viele es genau sind, vor allem weiß ich nicht, wann sie geboren sind. Nicht alle sind da. Zwischen einigen gibt es nur ein Jahr, wenn nicht gar nur einige Monate Altersunterschied. Täglich erscheinen Neue auf der langen Liste, die man für mich angefertigt hat, seit ich in der Stadt bin.

Die Mutter eines Neffen, die ich nicht wiedererkenne, schiebt mir ihren Sohn entgegen:

»Er heißt Jaden, er soll auch seinen Teil bekommen!«

Der Neffe versteckt sich hinter seiner Mutter, ich sehe, wie seine Augen glänzen.

»Los, Jaden, sag dem Onkel, was er dir kaufen soll!«

Eingeschüchtert lutscht Jaden an seinem Daumen und maunzt:

»Ein Auto …«

Ich erwidere: »Einverstanden, morgen im Stadtzentrum finde ich ein Spielzeugauto für dich.«

Da reißt er die Augen auf und zieht seinen Daumen aus dem Mund:

»Nein, ich will ein Auto wie die Erwachsenen, mit einer echten Hupe, sonst baue ich einen Unfall und jemand stirbt!«

Seine Mutter streichelt ihm über den Kopf:

»Jaden, du bist zu klein, um ein Auto für Erwachsene zu fahren und ...«

»Das macht nichts, wenn ich klein bin! Ich will trotzdem ein Auto, ich behalte es, bis ich groß bin, und dann ...«

Da ihr nichts mehr dazu einfällt, gibt die Mutter nach:

»Der Onkel kauft dir eines und parkt es für dich in Frankreich in einer Garage. In Frankreich werden Autos gut bewacht, dort stiehlt sie keiner. Und wenn du groß bist, gehst du selbst dorthin und holst es ab. Stell dir vor, dann kannst du auch mit dem Flugzeug fliegen!«

Doch das pfiffige Kerlchen schüttelt den Kopf und schenkt ihr keinen Glauben:

»Nein, wenn er wegfährt, kommt er nie wieder!«

»Warum sagst du so etwas?«, fragt seine Mutter.

»Wenn der Onkel verreist, bleibt er zwanzig Jahre bei den Weißen, ohne zurückzukommen, hast du mir gesagt, und in zwanzig Jahren bin ich schon so alt wie mein Papa. Und Papa ist alt und hat kein Auto ...«

Auch wenn die familiären Beziehungen nicht ganz klar sind, nennen mich alle »Tonton«, und es stört niemanden, am wenigsten die Eltern. Ich, der keine Geschwister hatte, bin darauf stolz, ohne dass ich die Gründe dafür nennen könnte. Ich kenne die Knirpse nicht und werde mich bei vielen nicht erinnern, wie sie ausgesehen haben, wenn ich wieder ins Flugzeug steige. Der kleine Jaden hat sicher recht: Wie viele sind von hier fortgegangen und nie wieder zurückgekommen, oder wenn, dann zwanzig Jahre später? In fast jedem Haushalt der Stadt gibt es so einen Fall.

Ich muss trotzdem lernen, wer diese kleinen Engel sind, wie sie heißen, um sie nicht zu verwechseln und Gefahr zu laufen, sie zu kränken. Selbst wenn ich sie zum ersten Mal sehe, sind sie mir vertraut, und ich weiß, dass ein Tropfen von meinem Blut in ihren Adern fließt. Die Einzigen, die ich ansatzweise kenne, sind die Kinder Gilberts und Bienvenües, die noch immer im Krankenhaus liegt und von der man merkt, dass sie im Haus fehlt. Seine und ihre Kinder wollen unbedingt mit mir zusammen abgelichtet werden. Und sie haben dafür, ohne es zu wissen, denselben Platz gewählt, wo ich als Kind beim Essen mit Gilbert und Bienvenüe saß. Hier bestrafte mich einst Tante Ngudi, weil ich meinen Teller nicht leer aß und Fufu-Bällchen hin und her schob, um Zeit zu gewinnen. Dennoch konnte man spüren, wie groß ihre Zuneigung für mich war. Sie war die Erste, die meinem Onkel eines Tages sagte, dass nicht ich ins Bett machte, sondern mein Cousin. Mein Onkel zweifelte natürlich daran und drängte Tante Mâ Ngudi zu einem Experiment, das für Gilbert zum größten Martyrium seines Lebens wurde. Er musste allein im Zimmer schlafen, Bienvenüe und ich schliefen im Wohnzimmer. Am nächsten Morgen war es eindeutig: Aus Angst vor dem dreiköpfigen Ungeheuer hatte Gilbert wieder einmal ins Bett gemacht …

Wenn ich zu Hause sehr launisch gewesen war, brachte meine Mutter mich zu Mâ Ngudi und erklärte ihr, dass ich nichts essen wolle, dass ich mich, wie sie es ausdrückte, wie ein Einzelkind aufführe. Meine Tante sah mich herausfordernd an und wendete sich meiner Mutter zu:

»Mach dir keine Sorgen, Pauline, hier wird er essen, ich sorge dafür. Wenn er große Töne spuckt, schicke ich ihn zu Großmutter Hélène, die setzt ihm dann richtig große Portionen vor!«

Mâ Ngudi machte sich in der Küche zu schaffen, kochte eine Brühe und Fufu. Ich wollte mich davonstehlen, doch vor ihren finsteren Blicken erstarrte ich und blieb sitzen, genau dort, wo sich jetzt die kleinen Neffen für die Aufnahme hingesetzt haben. Mâ Ngudi stellte einen dampfenden Teller und eine große Portion Fufu vor mich. Ich hatte keinen Appetit, dennoch musste ich essen, denn die Tante hielt stets eine Kautschukgerte in den Händen. Ich schlang große Bissen hinunter, die einfach nicht in den Magen rutschen wollten. Ich unterdrückte meine Tränen, aber mir war so speiübel, dass alles hochkam: Wenn ich dann alles ausspuckte, drosch Mâ Ngudi auf mich ein und befahl mir, meinen Teller leer zu essen. Ich habe sie immer nur mit einer Gerte herumfuchteln sehen. Stand ich vor ihr, senkte ich zum Zeichen meiner Unterwerfung den Blick. Selten ertappte man sie bei einem Lächeln. Erst wenn Tonton Albert nach Hause kam, strahlte sie vor Freude. Doch die Freude hielt nie lange an, und wir fanden, sie suche immer das Haar in der Suppe. Selbst wenn alles lief wie am Schnürchen und wir uns satt gegessen hatten, mussten das Geschirr gewaschen, der Hof gefegt, die Pfandflaschen in die Bar in die Avenue de l'Indépendance zurückgebracht werden. Sie hatte es nicht besonders auf mich abgesehen, denn sie erteilte ihren Kindern dieselbe

Abreibung und verdrosch sie so heftig, dass ich mir Sorgen machte. Während ich wartete, bis ich an der Reihe war, dieselbe Strafe für eine gemeinsam begangene Dummheit zu erhalten, rechnete ich angesichts solcher Szenen mit dem Schlimmsten. Doch dann mäßigte sie ihre Schläge, vielleicht erinnerte sie sich daran, dass ich nicht ihr Kind war und dass es für ihren Zorn Grenzen gab. Was Gilbert und Bienvenüe für ungerecht hielten. Meine Cousine ließ es nicht aus, sich mit mir anzulegen, sobald ihre Mutter verschwunden war. Sie zog mich an den Ohren und knurrte:

»Ich zieh dir die Ohren lang, weil Mama dich nicht so sehr verdroschen hat wie uns!«

*

Ein Freund aus Frankreich, der mir in der Eingangshalle des Institut français über den Weg lief und dem ich das Foto mit meinen Neffen und Nichten zeigte, schloss daraus sogleich, dass diese Knirpse »wie die meisten Kinder von Pointe-Noire« in einem »Paradies des Elends« lebten. Er stammte zwar selbst aus Pointe-Noire, redete aber wie jemand, der in Europa lebt und vom schwarzen Kontinent nur noch das Bild hat, das ihm die Medien vermitteln. Während er seine Meinung äußerte, betrachtete ich ihn mitleidig. Er hatte vergessen, woher er kam, und hoffte, dass mit der Übernahme des europäischen Lebensstils das Glück über unser Land kommen würde. Er ist sich vielleicht nicht bewusst, dass mein kleiner Stamm aus der Rue de Louboulou nicht von den Geschäften träumt, deren

Klamotten er trägt und die er für den Inbegriff des europäischen Komforts hält. Natürlich trägt er hier jeden Tag Anzug, Krawatte und blank polierte Schuhe. Wenn ich ihn in Europa treffe, ist er anders angezogen. Hier spielt er eine Rolle: Er verewigt den Gedanken, dass das Heil aller Kongolesen in Europa liegt. Dort sieht er sich allerdings mit einer Realität konfrontiert, die er den Jugendlichen in den Straßen von Pointe-Noire verheimlicht: Er lebt auf weniger als zwanzig Quadratmetern, kämpft um eine ständige Aufenthaltsgenehmigung und steht morgens auf, um in einer Agentur für Zeitarbeit an der Gare du Nord einen Job zu bekommen.

Ihrem harten Leben zum Trotz gibt es für die Kinder hier immer wieder Lichtblicke. Es dauerte, bis ich begriff, dass sie ebenso glücklich waren, wie ich es in ihrem Alter war, als das Glück in dem Teller bestand, der dampfend in der Küche wartete, im Sprießen des Grases, im Piepsen eines verliebten Vogelpaars, und sogar im Plakat für einen indischen Film, der im Rex lief, wo wir ab zehn Uhr morgens Schlange standen, um mit etwas Glück Karten für die Fünfzehn-Uhr-Vorstellung zu ergattern. Wir hatten keine Ahnung von dem, was unseren Eltern zusetzte, wir hatten Vertrauen in sie, denn sie verstanden es, ihre Sorgen, Entbehrungen, ihre Schwierigkeiten, mit dem Geld vom Anfang bis zum Ende des Monats auszukommen, vor uns zu verschleiern, damit sich kein Schatten über unsere Unschuld legte.

Während ich daran dachte, wie wir uns als Kinder in den mit Wandelröschen bebauten Feldern beim Flughafen Agostinho-Neto versteckten und farbenprächtige Käfer jagten, wenn wir nicht gerade an einem Uferstreifen der Tchinouka kleine Fische angelten, antwortete ich diesem Freund, der überheblich war wie ein »Neger in Paris«:

»Meine Kinder leben nicht in einem Paradies des Elends, sieh dir das Foto genau an: Ihr Glück liegt in diesem Reifen und in diesen Flip-Flops ... In den Flip-Flops, herumzulaufen, in dem Reifen, damit alle zusammen auf einem imaginären Motorrad fahren können, das so riesig ist, dass es ihre kühnsten Träume aufnehmen kann. Jeden Tag verlassen meine Nichten und Neffen das Haus und gehen im Gänsemarsch die Rue de Louboulou hinunter. Für nichts auf der Welt würden sie die Kindheit eintauschen, die sie zusammengeschweißt hat. Ihr Glas ist klein, trotzdem trinken sie daraus. Deines ist groß, aber es ist nicht deines und du musst jedes Mal um Erlaubnis bitten, um zu trinken. Leider erhältst du sie nie ...«

DIE NACH LIEBE HUNGERN

Sein richtiger Name ist Alphonse Bikinou, doch wir nannten ihn bei seinem Spitznamen, dessen Bedeutung und
Herkunft wir nicht kannten: Grand Poupy.

Heute treffe ich ihn auf dem Grundstück meiner Mutter, und es kommt mir vor, als hätte er keine einzige Falte
bekommen und würde bis zu seinem Tod so bleiben, wie
ich ihn kannte: kleinwüchsig, mit vorspringender Stirn
und schmalen länglichen Augen, die vor Schlauheit und
Spottlust blitzen. Er hat nach wie vor einen dünnen
Schnauzbart, und um mich in die Zeit zurückzuversetzen,
da ich als kleiner Junge hinter ihm herlief, versuche ich,
nicht auf seine dichte Behaarung zu achten, die eine Mauer zwischen uns errichtet. Er ist ein Cousin meiner Mutter,
der Ende der Siebzigerjahre aus dem Hinterland nach
Pointe-Noire gekommen war, um bei uns zu wohnen und
die höhere Schule zu besuchen. Seit dem Tag, an dem ich
ihm zum ersten Mal begegnete, war ich fasziniert von seiner tiefen Stimme und seiner Art, die Worte sauber voneinander getrennt auszusprechen. Ich war gerade ins Collège gekommen, er stand kurz vor dem Abitur, und wir
gingen morgens gemeinsam zur Schule, beide in Schuluniform – er ganz in Kakibraun, einschließlich der Hose, ich
mit himmelblauem Hemd, dunkelblauer Hose und dem roten Halstuch der »Pioniere der kongolesischen Revolu-
tion« um den Hals. Da ich stets hinter ihm marschierte,

drehte er sich ab und zu nach mir um, forderte mich auf, einen Zahn zuzulegen, um auf gleicher Höhe mit ihm zu sein. Was mir nicht gelang, denn seine kurzen Beine bewegten sich schnell und gleichmäßig, obwohl die Straße anstieg und schließlich so steil wurde, dass wir andere, erschöpft am Straßenrand sitzende Schüler überholten. Etwas weiter, an der Kreuzung der Avenue Jean-Félix-Tchicaya und der Rue Jacques-Opangault, wo sich unsere Schulwege trennten, spielte er den großen Bruder – er war bereits volljährig –, ermahnte mich, auf den Verkehr zu achten, und gab mir eine Fünfundzwanzig-CFA-Francs-Münze:

»Davon kaufst du dir in der Pause Beignets und eine Beniner Suppe. Pass auf, dass dir die Großen nicht dein Geld klauen.«

Dann ging er davon, ich blieb einen Augenblick stehen und sah ihm nach, wie er die Straße entlangging, die am Karl-Marx-Gymnasium endete. Wenige Minuten später war er nur noch ein winziger Punkt, der in der Menge der Schüler unterging. Dann machte ich mich auf den Weg ins Collège des Trois-Glorieuses, schaffte es gerade noch rechtzeitig zum Fahnenappell im Schulhof, um gemeinsam mit den anderen Schülern die Nationalhymne zu schmettern, die wir auswendig können mussten:

Steh auf, mutiges Vaterland,
Du hast in drei glorreichen Tagen
Die Fahne ergriffen und getragen
Für einen freien und neuen Kongo,
Der nie mehr untergehen wird,
Den niemand erschrecken kann.

Die Ketten sind zerbrochen ein für alle Mal,
In Zukunft ist die Arbeit nicht mehr Qual,
Wir sind eine souveräne Nation.

Wenn mich der Feind zu früh erwischt,
Nimm mein Gewehr, tapf'rer Kamerad,
Und wenn die Kugel ins Herz mich trifft,
Wird unsre Schwester furchtlos zum Soldat,
Und wütend werfen uns're Berge, uns're Ströme
Den Eindringling zurück.

Hier beginnt das Vaterland,
Gleich viel zählt hier jede Hand.
Das Volk ist wieder unser einziger Führer.
Und einzig das Volk hat entschieden,
Seine Würde wiederherzustellen.

Grand Poupy liebte weiße Hemden und Hosen aus Tergal, die er am Wochenende hingebungsvoll bügelte. Er schnitt sich das Haar wie die afroamerikanischen Schauspieler der Siebzigerjahre, um deren Poster wir uns rissen, wenn sie in der Avenue de l'Indépendance vor den Kinos Rex, Duo und Roy verkauft wurden.

Die Ankunft des Cousins meiner Mutter hatte Auswirkungen auf den Wohnraum in unserem Haus. Es wurde immer enger in den drei Zimmern, von denen meine Tanten Sabine Bouanga und N'Soni und meine Eltern je eines bewohnten. Wer von der Familie sonst bei uns strandete, musste seine Matte irgendwo im Wohnzimmer ausrollen, ohne Tonton Mompéro zu nahe zu kommen, der nicht bereit war, den Platz aufzugeben, an dem er sein Bett aufgeschlagen hatte. Grand Poupy sollte auch meine Lebensgewohnheiten durcheinanderbringen. Ich schlief nun nicht mehr bei meinem Onkel, sondern zog es vor, die Matte mit dem Neuankömmling zu teilen und den Erzählungen seiner Liebesabenteuer zu lauschen, die natürlich immer mit seinem Triumph und der Kapitulation der Angebeteten endeten, wenn nicht Tonton Mompéro murrte und uns aufforderte, endlich Ruhe zu geben. Grand Poupy sprach dann leiser, während mein Onkel von seinem Bett aus schimpfte:

»Poupy, ich höre dich, wegen dir bekomme ich kein Auge zu! Wenn du jetzt nicht still bist, wecke ich die Mutter des Kleinen und du kannst dich mit ihr auseinandersetzen! Seit du in dieses Haus gekommen bist, füllst du den Kopf des Kleinen mit deinen Lügengeschichten! Wo sind denn die Mädchen, die du angeblich verführt hast?«

Und an dieser Stelle flüsterte Grand Poupy mir ins Ohr:

»Komm, wir schlafen, ich erzähle dir morgen, wie es weiterging. Was weiß Onkel Mompéro schon von Grand Poupy und den Frauen, die auf ihn reinfallen …«

Wenn wir schulfrei hatten, lud er mich zu einem Spaziergang im Viertel ein:

»Dann siehst du, wie man ein Mädchen anmacht, ich werde es dir zeigen! Sobald ich ein Mädchen sehe, gehe ich auf sie zu und spreche sie an. Es gibt ein untrügliches Zeichen: Wenn ich meine Hand auf ihre rechte Schulter lege und sie die Schulter nicht wegzieht, dann ist die Sache gebongt …«

Wir standen an einer Kreuzung zweihundert Meter von

135

unserem Haus entfernt, einem strategisch wichtigen Ort, von dem aus wir die meisten Mädchen aus dem Stadtteil Voungou vorbeikommen sahen. Sie gingen auf den Markt, einige in bunten Pagnes, andere hart an der Grenze des Schicklichen in hautengen Hosen und mit Stöckelschuhen. Wenn der Cousin meiner Mutter von einer begeistert war, zupfte er seinen Hemdkragen zurecht, strich sich mit der Hand durch seinen Afrolook und spritzte schnell Parfum unter seine Achseln, hinter die Ohren und sogar in den Mund:

»Rühr dich nicht vom Fleck, jetzt gilt es!«

Er trat auf das Mädchen zu mit einem Gang, der fast eine Karikatur war, denn er imitierte den italienischen Schauspieler Aldo Maccione, den er in *Die Entführer lassen grüßen* gesehen hatte.

Von Weitem beobachtete ich Grand Poupy, der redselig seine Hose hochzog, sein schönstes Lächeln aufsetzte und schließlich dem Mädchen die Hand auf die rechte Schulter legte. Er drehte sich zu mir um und zwinkerte mir zu. Da seine Eroberung die Hand nicht zurückstieß, dachte ich, Grand Poupy habe recht, er sei ein Ass und seine Technik unschlagbar. Was wäre geschehen, wenn die junge Frau seine Hand nicht geduldet hätte? Ich zweifelte nicht daran, dass ihm eine passende Erwiderung eingefallen wäre. Er war vielleicht schon auf schwierige Fälle gestoßen und hatte ein Näschen für jene Mädchen, bei denen er den Angriff starten und sicher sein konnte, den Sieg davonzutragen. Also wagt er sich gar nicht erst vor, wenn er ahnt, dass er gegen eine Wand laufen würde, dachte ich. Warum zum Beispiel interessierte er sich mehr für ein hässliches Mädchen, während dicht an uns ein sehr hübsches vorbeiging und uns ein herausforderndes Lächeln schenkte? Wenn ich es irgendwie wagte, ihn danach zu fragen, blickte er mich an wie ein alter Kenner und antwortete:

»Ein Lächeln allein reicht nicht, man muss warten, bis sie sich ans Haar fasst, und vor allem, bis sie auf den Boden blickt. Hat die Schöne, die vor ein paar Minuten vorbeikam, das getan?«

»Nein …«

»Und genau deshalb habe ich meine Energie nicht an sie verschwendet! Weißt du, die Schönen interessieren sich sowieso bloß für Jungs, die sie nicht beachten. Sie wollen beachtet werden und tun alles dafür. Übrigens, wenn du auf zwei Mädchen triffst, die zusammen unterwegs sind, ich meine, eine Hässliche und eine Hübsche, dann mach zuerst die Hässliche an, du wirst merken, dass dich die Hübsche am nächsten Tag selbst anbaggert, nur um die andere auszustechen. Ich nenne das die ›Billard-Strategie‹: um eine Kugel zu treffen und zu versenken, muss man eine andere anspielen, und wenn du Glück hast, kannst du zwei Fliegen mit einer Klappe schlagen und beide Kugeln im selben Loch oder in zwei verschiedenen versenken! Aber dazu braucht man Erfahrung, und du hast noch nicht mal einen Bart …«

»Und welche Kugel spielt man an, wenn beide Mädchen hübsch sind?«

»Das ist unmöglich! Eine der beiden wird zwangsläufig hübscher sein, in der Schönheit gibt es keine Gleichheit, so wenig wie in der Hässlichkeit!«

Manchmal schlug ich hinter seinem Rücken sein Notizbuch auf, in dem er die Namen der Mädchen notierte. Einigen war eine Bemerkung vorausgeschickt: »Schmoren lassen«.

Neugierig geworden, sprang ich eines Abends ins kalte Wasser:

»Was bedeutet ›Schmoren lassen‹?«

Grand Poupy schreckte hoch, in seinem Blick lag große Enttäuschung:

»Seit wann wühlst du in meinen Sachen?«

Er hatte die Stimme gehoben, aber in dem Moment, als ich spürte, dass sich meine Augen mit Tränen füllten, schlug er einen sanften Ton an, um mich zu trösten:

»Weinen nützt nichts … Was geschehen ist, ist geschehen. In Zukunft lässt du das sein. Ich erkläre dir, was ›Schmoren lassen‹ heißt …«

Er holte das Notizbuch aus seiner Schultasche und schlug es auf:

»Links notiere ich die Namen der Mädchen, mit denen ich schon was hatte, und auf der rechten Seite die, mit denen ich noch zugange bin. Darunter auch ein paar Zicken, die ich angemacht und auf den Mund geküsst habe, aber sie zieren sich und wollen nicht zulassen, dass ich weitergehe. Na ja, dann tue ich so, als würde ich mich nicht mehr für sie interessieren, als hätte ich keine Zeit mehr für sie, ich lasse sie schmoren wie eine Mahlzeit, die man bei schwacher Hitze gart. Und das zahlt sich aus, denn zum Schluss rennen mir gerade diese Mädchen hinterher! Und dann bestimme ich, wann wir uns treffen!«

Ich war nicht korrekt zum Cousin meiner Mutter, denn ich las weiterhin ohne sein Wissen in seinem Notizbuch. Ich entdeckte, dass er nicht nur die Namen seiner Angebeteten festhielt. Er schrieb auch über seine Erinnerungen an Sibiti, das Nest, aus dem er stammte. Ich erinnere mich an die langen Abschnitte ohne eine einzige Streichung, in denen er vom Schicksal eines gewissen Chelos erzählte, an den diese Aufzeichnungen gerichtet waren. Sie begannen stets mit derselben Formel:

Mein lieber Chelos, guter und großer Freund,

der Mond sei mein Zeuge für eine neue Geschichte aus meinem Heimatdorf Sibiti, die ich dir erzählen will ...

Ich fragte mich damals, ob es diesen Chelos gab oder ob er nicht lediglich eine Gestalt war, die er zum Spaß erfunden hatte. Grand Poupy schrieb immer nachts, wenn alle schliefen. Er zündete eine Kerze an, schlug sein Schulheft auf, schnappte sich einen Kugelschreiber und füllte in schwindelerregender Geschwindigkeit die jungfräulichen Seiten. Ich erfuhr pikante Geschichten, besonders die einer Frau namens Massika und ihres Liebhabers Bosco. Massika hatte Bosco versichert, ihr Gatte sei nicht zu Hause, weil er an einem Begräbnis im Nachbarort teilnehmen wollte. Er komme erst am späten Vormittag des nächsten Tages zurück. Und folglich kam Bosco am Abend zu Massika und setzte sich zu ihr an den Herd, um mit ihr zu speisen. Die beiden Turteltäubchen betranken sich mit Palmwein und lachten wie die Hyänen. Es war mitten in der Nacht, als die beiden ins Schlafzimmer verschwanden, und sie hätten dort die Nacht über verliebt herumgetollt, wenn es nicht plötzlich energisch an die Tür geklopft hätte. Massika hatte keine Ahnung, wer so spät in der Nacht etwas von ihr wollte. Sie musste entweder öffnen oder warten, bis der nächtliche Besucher wieder verschwand. Dieser aber klopfte aus Leibeskräften, und als er Massika beim Namen rief, erkannte die Frau, dass ihr Mann zurückgekommen war.

»Mach auf, ich finde meinen Schlüssel nicht!«

»Bist du denn nicht bei der Totenwache?«

»Das erkläre ich dir später, jetzt mach erst einmal die Tür auf.«

Bosco schaffte es gerade noch, unter das Bett zu kriechen, als die Tür aufsprang und der Hausherr seine Reisetasche im Wohnzimmer abstellte. Der Mann klagte, dass seine Füße schmerzten, und bat seine Frau, Wasser für ihn heiß zu machen. Als sie den dampfenden Eimer vor ihn hinstellte, stand er wortlos auf, verschwand mit dem Eimer im Schlafzimmer und schüttete den Inhalt unter das Bett. Zuerst blieb es still, dann gellte ein Schrei durch die Nacht. Nackt wie ein Regenwurm sprang Bosco aus seinem Versteck, stieß den Ehemann um, rannte ins Wohnzimmer und floh, gefolgt von der ehebrecherischen Gattin, nach draußen. Die beiden verschwanden in der Dunkelheit, während man von fern das Gebell von Hunden hörte, die sich wahrscheinlich lustig gemacht haben über diese Menschen im Adamskostüm …

Tatsächlich träumte Grand Poupy davon, Schriftsteller zu sein.

*

Jetzt steht er vor mir und wir umarmen uns. Hinter ihm sehe ich eine Frau, deren Gesicht mir bekannt vorkommt.

Zögernd strecke ich ihr die Hand entgegen, was den Cousin meiner Mutter ein bisschen schockiert:

»Was, du reichst ihr die Hand und umarmst sie nicht? Was ist los mit dir? Erkennst du sie nicht wieder?«

Ich mustere noch einmal ihr Gesicht. Die Frau lächelt mich an. Sie sieht enttäuscht aus. Sie hat sich nur meinetwillen zur Parzelle meiner Mutter bemüht, wo Grand Poupy und ich uns verabredet haben. Eigentlich hatte der Cousin meiner Mutter darauf bestanden, denn bei einem unserer Familientreffen war sie verhindert gewesen, weil sie Kinder hüten musste.

»Schließ sie in deine Arme, es ist Alphonsine!«

Als ich den Namen höre, zucke ich zusammen. Die Erinnerung kehrt zurück, Bilder tauchen auf, eines nach dem anderen, und ich ermesse, wie ungeschickt ich mich dem spöttisch grinsenden Grand Poupy und Alphonsine gegenüber verhalten habe, deren Gesicht jetzt zu strahlen beginnt. Ich sehe sie wieder vor mir, wie sie früher meiner Mutter die Zöpfe geflochten hat. Damals schämte ich mich, aus unserer Hütte zu treten, weil ich in sie verliebt war. Grand Poupy versorgte mich mit Tipps, er riet mir, ins kalte Wasser zu springen, schrieb mir auf, was ich ihr sagen sollte, wenn ich mit ihr allein sein würde. Alphonsine hatte mich so sehr in den Bann geschlagen, dass ich bei jeder Begegnung völlig hilflos dastand und vor mich hin stammelte. Auch sie war dann durcheinander und zog es vor, Reißaus zu nehmen, als es mir schließlich gelang, Grand Poupys Ratschläge zu beherzigen und meine Hand auf ihre Schulter zu legen. Ich schickte ihr Gedichte, Briefe, die er durchgesehen und korrigiert hatte, doch sie blieben unbeantwortet. In dieser ebenso leidenschaftlichen wie einseitigen Korrespondenz beschrieb ich ihren zugleich schillernden und glänzenden Blick, ihre helle Haut, die wie Ton gewesen sein soll, den ein Erzengel geknetet hat, der sich ohne das Wissen ihrer Eltern über ihre Wiege beugte. Die Briefe wurden ihr vom Cousin meiner Mutter direkt ausgehändigt. Das hatte er mir zumindest geschworen, wenn er mit einem Lächeln auf den Lippen zurückkehrte und über meine Feigheit spottete. Er behauptete, Alphonsine sei schon sehr lange bereit und ich müsse mich beeilen, sonst käme irgendein Spitzbube und würde mir einen Strich durch die Rechnung machen.

»Dann wirst du dir die Augen ausweinen!«, warnte er mich.

In dieser Beziehung, die ich als Ursache für die Qualen meiner Jugend ansah, kam ich nicht schneller voran als eine Schildkröte. Ich kann mich nicht erinnern, mit Alphonsine jemals länger als zehn Minuten allein gewesen zu sein und dabei zusammenhängende Sätze herausgebracht zu haben. Als ich erwachsen war, lebte ich in Brazzaville, sie war in Pointe-Noire geblieben. Jeder hatte die Spur des anderen verloren, die Hoffnung auf diese Beziehung aufgegeben, die ohne einen einzigen Kuss im platonischen Stadium stecken geblieben war.

Und jetzt steht sie als erwachsene Frau vor mir, eine Dame mit zwei Kindern im Schlepptau. Grand Poupy lächelt schelmisch. Dann hält er es nicht mehr aus und bricht in Gelächter aus:

»Alphonsine gehört jetzt zur Familie, Kleiner, es hat mich erwischt: Ich habe sie geheiratet und wir haben Kinder bekommen. Das hier sind also deine Neffen, und es ist deine Pflicht, dich um sie zu kümmern, als ob sie deine eigenen Kinder wären. Wir wohnen in M'Paka am Stadtrand. Eine unserer Töchter, die Älteste, studiert in Marokko …«

Jetzt muss auch ich laut loslachen:

»Du warst ja ganz schön gerissen, Grand Poupy! Zu behaupten, mir mit Rat und Tat beizustehen, während du für deine eigene Kirche gepredigt hast!«

Alphonsine weicht meinem Blick aus.

»Sag mal, Grand Poupy, was soll ich daraus schließen, dass Alphonsine jetzt auf den Boden blickt und sich ins Haar fasst?«

Der Cousin meiner Mutter prustet los:

»Kleines Schlitzohr! Du hast nichts vergessen, stimmt's?«

Auf dem Weg zum Schloss meiner Mutter erkundige ich mich:

»Was ist aus deinem Freund Chelos geworden? Weißt du, wenn du diese Manuskripte noch hast, könnte ich dir helfen, in Frankreich einen Verleger zu finden und …«

»Vergiss es, Kleiner, ich habe nicht diesen Bandwurm im Bauch, der ständig in mir nagt, wie die echten Schriftsteller. Es ist schwer zu schreiben, aber noch schwerer ist es, wenn man weiß, dass man niemals ein Schriftsteller sein wird, weil man dann mit der Enttäuschung lebt, dass man sonst etwas Großartiges auf dieser Erde hätte zurücklassen können. Ich freue mich, zu lesen, was du veröffentlichst, du bist geworden, was ich gerne geworden wäre: ein Geschichtenerzähler, den jeder kennt. Keine Ahnung, was du nach unserer Begegnung wieder anstellst, aber ich rechne mit dem Schlimmsten, du hast mich ja auch in *Black Bazar* nicht ausgelassen … Und die jungen Leute hier, die den Roman gelesen haben, glauben noch immer, ich könne ihnen beim Aufreißen von Frauen behilflich sein!«

MEIN ONKEL

Seit dem Tod meiner Mutter wird Tonton Mompéro als der »Doyen« der Familie angesehen. Er nimmt seine Rolle ernst, und niemand würde es wagen, ihm diese Stellung streitig zu machen. Vor der Türschwelle des gemauerten Hauses – jenes Hauses, das Mama Pauline zu bauen begann und das von meinen Cousins fertiggestellt wurde – beobachtet er das Kommen und Gehen im Hof. Es ist nicht ungewöhnlich zu hören, wie er die Stimme erhebt, Ruhe verlangt oder mit den sich zankenden Kindern schimpft. Fährt ein Auto an der Parzelle vorbei, springt er von seinem Sessel auf und passt auf, dass die Kleinsten in Sicherheit sind. Ebenso weckt jeder noch so kleine Menschenauflauf seine Neugier, zwingt ihn, seine Trägheit abzuschütteln und einzugreifen, wenn es nötig ist. Das habe ich gemerkt, als ich heute mit meinem Cousin Kihouari gestritten habe: Lautlos war er vor der Tür erschienen, bevor er zurück ins Wohnzimmer ging und dort wartete, dass ich zu ihm kam, sobald ich mit den anderen fertig war …

Jedes Mal wenn ein Fremder auf unser Grundstück kommt, fürchtet er, dass es schlechte Nachrichten gibt, und stellt unvermittelt immer dieselbe Frage:

»Wer ist jetzt gestorben?«

Der Besucher bemerkt seinen beunruhigten und verzweifelten Gesichtsausdruck. Bestimmt denkt er dann an seine Schwestern und Brüder, die er während der letzten zwanzig Jahre hat sterben sehen: Tonton Albert, Tante Sabine, Mama Pauline, Tante Dorothée und Tonton René.

Ich stehe vor ihm, und er weiß, dass ich nicht gekommen bin, um ihm von einem Unglück zu erzählen. Daher sein vorsichtiges Lächeln, das mich ganz durcheinanderbringt, weil sein Gesicht zwischen den Brauen und der Stirn nahezu keine Falten zeigt. Um »ordentlich« vor mir zu stehen, hat er sich vermutlich das Haar schneiden lassen. Sogar seine schwarzen Schuhe sind tadellos, als berühre er den Boden nicht, wenn er sich fortbewegt. Und er hat ein schönes weißes Hemd mit breiten beigen Streifen angezogen.

Meine Mutter hatte nicht das Glück gehabt, grau zu werden. Durch meinen Onkel ahne ich in etwa, wie ihr Haupthaar ausgesehen hätte, wenn sie wie er über sechzig geworden wäre. Ich bin sicher, sie wäre keine alte Dame, die den lieben langen Tag vor ihrer Hütte sitzt. Sie würde sich zu schaffen machen und weiter auf dem Grand Marché ihre Erdnüsse verkaufen, wo dieses Geschäft in der Hand vieler älterer Frauen liegt, von denen einige hinter ihrem Marktstand vor sich hin dösen. Mama Pauline würde mich auf ihr Grundstück kommen sehen, sie würde frohlocken, mir entgegeneilen mit einem Lachen im Gesicht, das mich glauben ließe, sie besiege die Zeit. Diesen Eindruck möchte mir heute Tonton Mompéro vermitteln. Er wird mir nichts über seine zunehmend schlechtere Gesundheit sagen, nichts darüber, was er in den vergangenen dreiundzwanzig Jahren durchgemacht hat, in denen wir nichts voneinander gehört haben. Doch Grand Poupy hatte mich schon hinter vorgehaltener Hand gewarnt, dass unser Onkel krank sei, dass er eine Blinddarmoperation hinter sich habe und noch älter aussehe, sobald man ihm den Rücken kehre, weil ihn die schlecht verheilten Operationsschnitte plagten. Ungläubig hatte ich an dem Gedanken festgehalten, meinen Onkel bei guter Gesundheit vorzufinden. Grand Poupy schaute sogleich sehr ernst:

»Als er hörte, dass du nach Pointe-Noire zurückkommen würdest, hat er seine Krankheit beiseitegeschoben, um eine gute Figur zu machen. Er ist wie deine Mutter, die uns, als sie im Adolphe-Sicé-Krankenhaus lag, aufgetragen hatte, dir bis zu ihrem Tod nichts zu sagen. Tonton Mompéro ist in keiner so guten Verfassung, wie du glaubst, er wird es dir nicht sagen, aber frage ihn nicht danach, das würde er uns nicht verzeihen …«

Den Blick an die Zimmerdecke geheftet, was – ich erinnere mich noch – bedeutet, dass ich ihn nicht unterbrechen soll, richtet mein Onkel das Wort an mich:

»Ich bin derselbe geblieben, der Mann, der nachts deine Hand hielt, wenn dich das Grauen packte und du dir eingebildet hast, die Dunkelheit wäre von menschenfressenden Wiedergängern bevölkert, die aus ihren Gräbern auf dem Mont-Kamba-Friedhof hervorkriechen und über Kinder herfallen würden. Deine Mutter ist nicht mehr hier, aber sie lebt durch mich und hat mir genug Atem in den Lungen gelassen, um so lange wie nötig auf dich zu warten. Du hast sie nicht wiedergesehen, aber Gott hat gewollt, dass wir uns wiedersehen. Es ist kein Zufall, du brauchst dir keine Vorwürfe zu machen, weil du nicht da warst, als wir um meine Schwester weinten. Ich konnte mir deine Tränen vorstellen, dort, wo du warst, denn ich kenne alles, was in deinem Leib und in deinem Kopf vor sich geht. Für mich bist du im Grunde nicht mein Neffe, sondern mein eigener Sohn, das Kind, das ich nie hatte, das Kind, das ich nicht mehr bekommen werde, denn je älter ich werde, desto mehr wird mir klar, dass ich nur auf die Welt gekommen bin, um den Menschen zu beschützen, der meiner Schwester am wichtigsten war: dich. Ich wünschte mir keine Nachkommen aus Angst, mich zu weit von dir zu entfernen, aus Angst, dass du mich nur noch als Onkel und nicht als richtigen Vater ansiehst. Ich will nicht dein Onkel sein, ich bin dein Vater! Glaubst du, es ist Zufall, dass dein biologischer Vater dich verlassen hat? Jetzt ist es an der Zeit zu verstehen, welch großes Glück es ist, drei Väter im Leben zu haben. Der erste ist seinen Vaterpflichten nicht nachgekommen und hat sich unmittelbar vor deiner Geburt aus dem Staub gemacht, du kannst ihn aus deinen Gedanken streichen, was du schon getan hast, und das ist gut so, ein Lump verdient keinen Respekt, denn er kann niemandem Respekt einflößen. Dein zweiter Vater – Schwager Roger – war ein großherziger Mann, der dich aufgenommen hat, dich und deine Mutter. Du musst ihn verehren, damit die Adoptivkinder auf der ganzen Welt nicht sagen, ihr Leben sei wegen der Verstocktheit ihres Erzeugers zum Scheitern verdammt. Der dritte Vater bin ich, der Mann, der die Dreifaltigkeit deines Schicksals beschließt. Hörst du nicht den singenden Tonfall deiner Mutter, wenn ich mit dir rede? Du kannst auch in Zukunft in die Ferne schweifen, ich werde immer da sein, manchmal an den Rändern der Zeit sitzen, meist aber, trotz der stürmischen Winde, an den Ufern der Geduld entlangwandern. Ich werde noch einmal mit all meiner Kraft in die Asche der Zeit blasen in der Hoffnung, die Erde erst dann zu verlassen, wenn du den Stab in dieser zerrissenen Familie übernommen hast, die ihre innere Uneinigkeit vor dir verbirgt. Schau sie dir an! Sie tun so, als bildeten sie eine Einheit, aber wenn man ein wenig daran kratzt, entdeckt man die Feindschaft, gegen die ich ankämpfe. Der eine wirft dem anderen vor, dafür gesorgt zu haben, dass sein Vater oder seine Mutter vorzeitig starb, die anderen streiten sich um die Grundstücke, die mein Bruder Albert Moukila bereits in den 1970er-Jahren hinterlassen hat! Ist das vielleicht eine Familie? Dein Onkel René ist daran gestorben, dass die anderen so gierig waren, auch wenn ich ihm vorwerfen kann, dass er kein gutes Beispiel gegeben hat, denn er hat das Haus an sich gerissen, das Cousin Gilbert und Cousine Bienvenüe zugestanden hätte! Ich verzeihe ihm diesen Fehler, während ich zugleich bedaure, dass das fragliche Haus vom Sohn meiner großen Schwester Sabine Bouanga heimlich verkauft wurde, ohne dass Alberts Kinder auch nur einen Centime davon gesehen haben! Jetzt erwarte ich von dir, dass du in dieser Familie einmal richtig sauber machst, und zwar mit Javelwasser. Sei nicht allzu freundlich, denn sie würden das als Schwäche auslegen, und die würde dich das Leben kosten. Ich bin müde, sehr müde, ich habe genug davon, ganz allein zu kämpfen. Du bist gekommen, du hast mich am selben Ort aufgefunden, an dem du mich zurückgelassen hast. Das nächste Mal wird es nicht mehr so sein, das weißt du. Auch ich werde meine Sachen packen und zu meiner Schwester Pauline gehen ...«

Durch sein Schweigen spüre ich, dass er mir von den letzten Tagen meiner Mutter erzählen will und nach Worten sucht, oder vielmehr nicht weiß, wo er anfangen soll. Nachdem er gesehen hat, wie sich meine Miene verdüsterte, hält er sich zurück. Wir sparen also das Kapitel aus, an das wir beide denken.

Wir treten aus dem Haus und steuern das Schloss meiner Mutter an. Vor der Hütte dreht er sich zu mir um und zeigt mir seine Hände:

»Erinnerst du dich, wie ich mit diesen Händen die Baracke gebaut habe? Du hast mir ein wenig geholfen, du wolltest dich unbedingt nützlich machen! Das Haus ist nicht mehr dasselbe, nur eine Hälfte hat überdauert, nach dem Tod deiner Mutter war ich gezwungen, die andere Hälfte abzureißen. Ich ertrug es nicht mehr, das Zimmer zu sehen, in dem sie geschlafen hat ...«

Er streicht behutsam über die Bretter:

»Nachts sprechen sie zu mir ... Weißt du, dass man aus denselben Brettern Särge macht?«

Ich nicke. Er war ein großer Schreiner gewesen, und viele Häuser in dieser Stadt verdanken ihm ihren Dachstuhl. Aber es gefiel mir nicht, dass er auch Särge zimmerte und die trauernden Familien vor seiner Werkstatt warteten.

Ich lege meine Hand ebenfalls auf die Bretter. Zufrieden mit meiner Geste, fügt er sogleich hinzu:

»Streichle sie, sie freuen sich, dich wiederzusehen. Sie wissen, wer wir sind, sie waren von Anfang an da. Wenn sie ächzen, habe ich das Gefühl, deine Mutter leidet dort oben und wartet darauf, dass ich komme und ihr zur Seite stehe ...«

Ich unterbreche ihn noch immer nicht in seinen Gedanken, die mir vorkommen, als habe er sie seit Langem aufbewahrt und darauf gewartet, sie mir zuzuflüstern.

»Warum hat der Tod gerade uns so oft heimgesucht?«, fährt er fort. »Vielleicht ist diese Parzelle verflucht, weil ich Miguel auf dem Gewissen habe. Ja, ich bedauere Tag und Nacht das Leid, das ich diesem Hund angetan habe ...«

Das Bild von Miguel schießt mir durch den Kopf. Ich höre ihn bellen, dann vor Hunger und Durst jaulen. Das Tier war die Verbindung zwischen mir und meinen imaginären Schwestern, und es hatte am Fuß des Mangobaums, der damals mitten auf unserem Grundstück stand, den Tod gefunden. Hatten die Nachbarn sein verzweifeltes Jaulen gehört? Und warum hatte der Baum, der Zeuge dieses Schauspiels war, das arme Tier nicht freigelassen? Mama Pauline war vernarrt in Miguel, den sie von einer Freundin geschenkt bekommen hatte, die in Wirklichkeit nur ihren Haufen Welpen loswerden wollte. Man erzählte sich, sie habe so viele Hunde besessen, dass sie manchmal welche in den Tchinouka-Fluss warf. Ich hatte dem Neuankömmling, der mit jedem Schluck Milch, den ich in seine Schüssel goss, größer wurde, den Namen Miguel gegeben. Für mich war es ein Spiel, ihn zu füttern, und der Hund verfolgte mich den ganzen Tag lang, um an seine Ration zu kommen. Er hörte mir mit aufgestellten Ohren zu, wedelte mit dem Schwanz wie ein Scheibenwischer, um mir zu antworten. Durch ihn hatte ich gelernt, das Alter von

Hunden zu berechnen. In nur einem Jahr hatte er mich überholt und war fast doppelt so alt wie ich. Ich war stolz, als ich am Eingang zu unserer Parzelle das Schild *Vorsicht bissiger Hund* anbrachte. Ich ging mit ihm in den Gassen des Voungou-Viertels spazieren mit der Gewissheit, dass er mich in jeder Lage beschützen würde. Doch als einige Jungs in meinem Alter Steine nach uns warfen, versteckte sich Miguel leider hinter mir, anstatt sie zu beißen, wie er es getan hätte, wenn wir zu Hause gewesen wären und jemand uns dort hätte angreifen wollen. Ich begriff, dass die meisten Hunde nur im Umkreis des Hauses ihres Herrchens mutig waren. Wie oft hatte ich erlebt, dass unser Hund, der vor der Parzelle ängstlich den Schwanz einzog, sich auf der Parzelle wie ein Tobsüchtiger aufführte und vor unserem Haus nach Herzenslust bellte, bis uns fast das Trommelfell platzte? Ich liebte ihn trotzdem, und er erwiderte diese Liebe, wenn er meine kleinen Hände leckte oder sich auf seinen Hinterpfoten aufrichtete. Dieses Glück sollte an dem Tag zu Ende gehen, an dem meine Mutter für einen Monat fortging und mich zum ersten Mal in die Ferien nach Brazzaville zu ihrem Bruder schickte, dem Soldaten Tonton Jean-Marie Moulounda. Papa Roger wohnte während dieser Zeit bei Mama Martine. Fast das ganze Haus war ausgeflogen, einschließlich Grand Poupy, der sich in Sibiti aufhielt, und den Tanten, die zur Feldarbeit nach Louboulou gereist waren. Nur Tonton Mompéro war noch da, dem meine Mutter eingeschärft hatte, sich um Miguel zu kümmern, ihn dreimal am Tag zu füttern und mit ihm spazieren zu gehen, damit er sein Geschäft außerhalb der Parzelle erledigen konnte. Zwei oder drei

Tage lang erfüllte mein Onkel seinen Auftrag. Dann brach er selbst nach Dolisie auf, der drittgrößten Stadt des Landes, dreihundert Kilometer von Pointe-Noire entfernt, wo er Arbeit beim Bau einer Grundschule gefunden hatte. Statt den Hund auf der Parzelle herumstromern zu lassen, hatte er ihn seit einigen Tagen mit einer Leine an den Stamm des Mangobaums gebunden, wo er ihn auch fütterte, wie Mama Pauline es ihm aufgetragen hatte. Am Tag seiner Abreise nach Dolisie vergaß mein Onkel den angeleinten Miguel. Als er wenige Stunden vor seiner Schwester zurückkehrte, war das arme Tier nicht mehr am Leben. Papa Roger und Mama Pauline mutmaßten ein Verbrechen. Man trug sich mit dem Gedanken, den Verlust von Miguel vor mir zu verbergen. Doch sie wussten, wenn ich am nächsten Tag aus Brazzaville zurückkäme, würde meine erste Frage lauten: »Wo ist Miguel?«

Tonton Mompéro schlug vor, einen anderen Hund zu kaufen. Meine Mutter widersetzte sich. Sie wollte Miguels Andenken nicht beschmutzen, und da sie nicht in der Lage gewesen seien, fügte sie hinzu, sich ordentlich um den ersten Hund zu kümmern, würde nichts dafür sprechen, dass sie sich um den zweiten besser kümmerten.

Bei meiner Rückkehr brachte man mir bei, Miguel sei an einem Herzinfarkt gestorben. Naiv antwortete ich:

»Hunde sterben nicht an einem Herzinfarkt, weil sie nicht so viele Probleme im Herzen tragen wie Menschen.«

Tonton Mompéro nahm mich zur Seite und sagte mir die Wahrheit:

»Kleiner, du hast recht, Hunde sterben nicht an einem

Herzinfarkt … Miguel ist wegen meiner Dummheit gestorben. Ich bin ein Esel, ich gebe es zu. Als ich nach Dolisie gefahren bin, habe ich glatt vergessen, dass wir einen Hund haben und dass ich ihn angebunden hatte. Wenn ich ihn wenigstens frei hätte laufen lassen, er wäre noch am Leben. Aber es ist meine Schuld, ich bitte dich, sei mir nicht böse. Deine Mutter will nicht, dass ich einen anderen Hund kaufe, aber wenn du einverstanden bist, kaufe ich trotzdem einen und …«

»Kauf keinen …«

»Warum nicht?«

»Weil wir Miguel nicht gekauft haben … Wir bekamen ihn geschenkt. Außerdem: Wenn jemand stirbt, kauft man doch auch nicht jemand anderen, um ihn zu ersetzen.«

»Ich könnte zu der Frau gehen, von der deine Mutter Miguel bekommen hat, und wenn ihre Hündin noch Junge hat, hätten wir zumindest einen Welpen aus derselben Familie wie Miguel und …«

»Nein, ich habe Miguel geliebt, mein Leben lang will ich keinen Hund mehr haben, denn so werde ich, wenn ich an einen Hund denke, immer an ihn denken …«

Tonton Mompéro rückt ein Brett an der Hütte zurecht, das sich gelöst hat, und dreht sich zu mir um:

»Ja, Kleiner, ich sehe ständig Miguel vor mir, genauso wie deine Mutter. Bei unserer ersten Familienzusammenkunft konnte ich vor den anderen darüber nicht sprechen. Heute stehen wir uns beide allein gegenüber und ich bitte dich um Verzeihung, hilf mir, diesen Fluch zu tilgen, ich werde vor dir niederknien …«

Er beugt ein Knie, doch bevor er auch mit dem zweiten den Boden berührt, halte ich ihn zurück:

»Nein, Tonton, lass das, es liegt kein Fluch auf dieser Parzelle …«

»Was weißt du schon? Die Tiere sind mit uns verwandt, sie sind unsere Doppelgänger, du hast selbst in deinem Buch über das Stachelschwein darüber geschrieben …«

»Ich habe nur berichtet, was mir Mama erzählt hat. Es gibt auch freundliche Doppelgänger, und Miguel gehörte dazu, er hat dir längst verziehen, was du getan hast …«

Ein Lächeln erscheint auf seinem Gesicht:

»Und du, hast du mir verziehen?«

»Ich habe dir diese Sache nie nachgetragen, Tonton!«

Er wischt sich mit dem rechten Handrücken über die Augen. Tränen, die von dem Stachel herrühren, von dem ich ihn gerade befreit habe.

Wir kehren zum Haupthaus zurück.

Es ist mein dritter Besuch, doch dieses Mal gibt es keine Familienversammlung. Ich will gerade wieder gehen, als sich mein Onkel mit ernstem Gesicht an mich wendet:

»Gehst du schon zurück ins Zentrum, wo die Weißen dich einquartiert haben? Mein Bruder Matété hat dich gestern dort gesucht, sie haben ihm gesagt, du wärst nur selten da. Es ist sehr wichtig, er will dich unbedingt unter vier Augen sprechen. Willige in alles ein, um was er dich bittet, er und ich, wir haben darüber gesprochen … Kannst du mir wenigstens fünftausend CFA-Francs dalassen? Für Kleinigkeiten wie Rasierklingen, Zahnpasta, Seife …«

Ich lächle ihm zu und ziehe die Scheine aus meiner Tasche.

UNHEIMLICHE BEGEGNUNG
DER DRITTEN ART

Es klopft an der Tür, ich öffne, und vor mir steht Tonton Matété. Er hat mir ein kleines Büschel Bananen mitgebracht, das er mitten im Zimmer ablegt. Ich nehme es und bringe es in die Küche, während er sich die Wohnung anschaut, ohne seine Verwunderung zu verbergen.

»Zahlen dir die Weißen den Aufenthalt in diesem Haus?«

Ich erkläre ihm, dass mich das Institut français zu einer mehrtägigen Vortragsreihe eingeladen habe und ich beschlossen hätte, meinen Aufenthalt in der Stadt zu verlängern, damit ich die ganze Familie wiedersehen und ein Buch schreiben könne.

»Und wie viel zahlst du, um hier zu wohnen?«, fragt er, während er den Balkon ansteuert.

»Ich zahle nichts. Es ist eine Wohnung, die Schriftstellern und Künstlern zur Verfügung gestellt wird.«

»Ich war gestern schon einmal da, es ist schwer, dich hier anzutreffen, ich habe mindestens drei Mal vorbeigeschaut! Du fühlst dich wohl hier, stimmt's?«

Ohne meine Antwort abzuwarten, deutet er mit dem Finger auf das Gebäude gegenüber:

»Sieh mal, sogar bei Nacht kann man das Adolphe-Sicé-Krankenhaus von hier aus gut erkennen! Hast du Bienvenüe besucht? Sie liegt dort.«

»Nein ...«

»Kann ich verstehen, du fürchtest dich auch vor dem Zimmer Nummer 1, nicht wahr? Wer es betritt, und sei es nur für einen Krankenbesuch, kehrt eines Tages dorthin zurück, um zu sterben ...«

Mit der schwachen, uneinheitlichen Beleuchtung, die aus einigen noch nicht zugezogenen Fenstern dringt, gleicht das Hospital bei Nacht einem großen Gutshaus, in dem es spukt. Tonton Matété ist plötzlich verstummt. Er fährt sich mit der Hand über seinen sorgfältig rasierten Schädel, der im Licht des Mondes glänzt, nachdem dieser zur Hälfte aus den dunklen, über der Stadt liegenden Wolken aufgetaucht ist. Ich ahne, was ihn bewegt und wohin ihn seine Gedanken führen. Seine Augenbrauen sind vollständig ergraut, und in bestimmten Augenblicken frage ich mich, ob er nicht älter ist als Tonton Mompéro, mit dem er sich sehr gut versteht und der mir seinen Besuch angekündigt hat, ohne dass ich wusste, dass er noch am selben Abend zu mir kommen würde. Beide sind Kinder von Großvater Grégoire Moukila, haben aber verschiedene Mütter.

Vermutlich sieht Tonton Matété mich als kleinen Jungen im Dorf von Louboulou vor sich. Ich war etwa zehn Jahre alt und zum ersten Mal im Busch. Schon vom zweiten Tag an war er entschlossen, mich trotz des Widerstands meiner Mutter und vor allem der Entrüstung meiner Großmutter N'Soko mit auf die Jagd zu nehmen. Es war Großvater Grégoire Moukila, der sich einmischte, um alle zu beruhigen:

»Lasst sie ruhig gehen, es wird ihnen nichts geschehen,

meine Geister werden über sie wachen. Außerdem ist es höchste Zeit, dass der Kleine mitgeht, bald ist es zu spät ...«

Ich habe diesen nächtlichen Ausflug nicht vergessen, von dem ich, von meinem Onkel auf den Schultern getragen, mit aufgeschürften, zerschrammten Beinen und Insektenstichen im Gesicht zurückgekehrt war. Tonton Matété hatte Großvaters Gewehr genommen, und gegen Mitternacht waren wir aufgebrochen. Lange vor unserem Aufbruch hatten wir uns das Gesicht mit Asche beschmiert, eine Technik, durch die wir, wie er sagte, der Wachsamkeit wilder Tiere entgehen würden, da sie uns so für ihresgleichen hielten. Anschließend banden wir Gräser um unsere Fesseln, von denen ich bis heute nicht weiß, wie sie heißen, um die Schlangen zu verjagen, die uns unterwegs begegnen könnten. Wir folgten einem gewundenen Pfad, den mein Onkel kannte wie seine Westentasche, bis wir nach mehreren Kilometern einen kleinen Fluss erreichten, der zwischen Felsen plätscherte. Am Ufer des Wasserlaufs gab er mir den Befehl, von nun an nichts mehr zu sagen, ihm nicht einmal mehr etwas zuzuflüstern, ja nicht einmal eine Mücke totzuschlagen, die mich stach. Etwa hundert Meter von uns entfernt tranken eine Hirschkuh und ein Hirsch. Ich wartete darauf, dass mein Onkel Stellung bezog und zumindest eines der beiden Tiere niederstreckte. Doch er kniete nieder und betete rätselhafte Sätze herunter. Ohne von unserer Anwesenheit beunruhigt zu sein, beobachteten uns die Wiederkäuer von Weitem. Tonton Matétés Gebet kam mir endlos vor, in regelmäßigen Abständen tauchten darin die Namen von Familienangehörigen auf, wie in der Schule, wenn der Lehrer sich vor dem Unterricht vergewissert, wer alles anwesend ist. Nur dass niemand der Aufgerufenen meinem Onkel antwortete. Die beiden Hirsche lauschten aufmerksam der eintönigen Stimme und nickten bisweilen zustimmend mit dem Kopf. Am Ende des Gebets röhrten die beiden Säuger im Chor, dann zogen sie sich langsam vom Fluss zurück und verschwanden schließlich im dichten Busch. Die Stille, die nun folgte, ließ mich erstarren. Mein Onkel hatte meine Fragen erraten und kam ihnen zuvor:

»Ich werde es dir morgen erklären, doch jetzt folge mir, wir müssen etwas finden, das wir nach Hause bringen können. Wir dürfen nun den Fluss überqueren, denn man hat uns die Erlaubnis gegeben ...«

Wir drangen immer tiefer in den Wald ein, und als ich mich umdrehte, flüsterte Tonton Matété mir zu:

»Im Busch schaut man niemals hinter sich ...«

»Wir werden uns verlaufen, wir finden nicht mehr zurück nach Hause«, sagte ich ängstlich.

»Hast du je erlebt, dass sich jemand im eigenen Haus verläuft?«

»Und wenn das Haus so groß ist wie die Schlösser der Weißen?«

»Nun, der Unterschied ist, dass das hier unser Schloss ist und wir es kennen, weil es nicht wie bei den Weißen einer Familie gehört, sondern allen Dorfbewohnern ...«

Als wir auf eine Lichtung traten, hörten wir etwas im Wipfel einer Palme, und mein Onkel richtete die Taschenlampe darauf. Es war ein Eichhornpärchen, eines auf dem anderen, in eine verliebte Rangelei verwickelt, sodass die

Blätter des Baums raschelten. Der Schuss aus dem Gewehr meines Onkels zerriss mir das Trommelfell. Beide Tiere waren mit einer einzigen Kugel getroffen worden. Tonton Matété hob sie vom Fuß der Palme auf und steckte sie in die Jagdtasche.

Etwas weiter lag ein Schuppentier zusammengerollt mitten auf dem Pfad. Sobald es vom Licht der Taschenlampe geblendet wurde, hob es seine Schnauze, obwohl seine Art nur schlecht sehen kann, und wollte sich aus dem Staub machen. Zu spät: Mein Onkel hatte bereits seine Waffe gehoben und den Abzug gedrückt. Die Kugel zerriss den Schädel des Säugetiers.

»Gut, für heute Abend ist es genug, wir können nach Hause gehen«, beschloss er.

Der Rückweg kam mir weit vor. Ich hatte den Eindruck, das Gestrüpp wickle sich um meine Beine und verschone die meines Onkels. Ich konnte mich kaum noch aufrecht halten und klagte über Mücken und andere Insekten, die mir in die Augen flogen. Einige dieser kleinen Brummer blinkten und rasten mit einer solchen Geschwindigkeit auf mich zu, dass ich sie für Sternschnuppen hielt, die ihren Sturz aus dem Himmel überlebt hatten. Tonton Matété riet mir, vorauszugehen. Nach einigen Metern merkte er, dass ich immer langsamer wurde. Wäre es so weitergegangen, hätten wir das Dorf erst fünf oder sechs Stunden später erreicht. Zuerst trieb er mich vor sich her und schimpfte mich ein Stadtkind, dann hob er mich auf seine Schultern und ich schlang meine Beine um seinen Hals. Mein Fuß streifte die gut gefüllte Jagdtasche, die er sich umgehängt hatte. Sogar in dieser sehr bequemen

Position musste ich mich manchmal bücken, um langen Zweigen, die aus den Bäumen herausstachen, und leuchtendem Ungeziefer auszuweichen, das wahrscheinlich Kenntnis davon erhalten hatte, dass ich nur ein Stadtjunge war, und mir deshalb umso heftiger zusetzte.

Im Dorf angekommen, schlief ich die verbleibende Nacht nicht. Ich schwitzte, während mich die Bilder von der Hirschkuh und dem Hirsch verfolgten. Ich sah die beiden, das männliche Tier mit einem Menschenkopf, der ein Geweih trug, dessen Spitzen bis zu den Wolken reichten, das weibliche Tier, das seitlich ein Stück weiter weg stand. Beide sprachen unsere Sprache und sagten meinen Namen. Das Paar hatte jetzt ein Kalb, das ihm folgte, und der Kopf des kleinen Tieres glich meinem wie ein Ei dem anderen! Überdies kicherte es ungeniert über jede Kleinigkeit, und seine Eltern ließen es gewähren.

Am nächsten Morgen hielt ich es nicht lange aus: Kaum war der Tag angebrochen, rannte ich ins Schlafzimmer meines Onkels, der noch schnarchte. Er schreckte vom Bett hoch, aber der morgendliche Überfall schien ihn keineswegs zu überraschen:

»Du weckst mich wegen der Hirschkuh und dem Hirsch! Willst du mir sagen, dass du sie im Traum gesehen hast?«

»Ja …«

»Gut, dann kennen sie dich jetzt! Wie sahen sie aus?«

»Sie hatten ihr Kind dabei, und das Kind hatte mein Gesicht! Außerdem hatte es ein blödes Lachen, das gar nicht wie meines war …«

»Das ist normal, ihr Kalb war froh, dich zu sehen, denn

es bildet eine Einheit mit dir. Diese Hirschkuh und der Hirsch waren keine gewöhnlichen Tiere. Der Hirsch ist der Doppelgänger deines Großvaters Grégoire Moukila und die Hirschkuh der Doppelgänger deiner Großmutter Henriette N'Soko. Hätte ich diese Tiere gestern auf der Jagd erschossen, wären deine Großeltern beim ersten Wort, das ich mit dir spreche, augenblicklich bei den Toten. Bevor man in den Busch geht, muss man diese Doppelgänger aufsuchen und sie grüßen, denn sie ermöglichen uns, mühelos Wild zu finden. Alle, die diesen Ritus nicht geachtet haben, sind stets ohne Jagdbeute zurückgekehrt oder haben sich im Wald verlaufen. Vielleicht haben sie sich auch gar nicht verlaufen, sondern sind von den Geistern des Waldes in Bäume oder Steine verwandelt worden. Was auch immer der Busch ist, in den du eindringst, wenn du einmal groß bist, musst du dir im Klaren darüber sein, dass dort Geister wohnen. Du musst die Pflanzenwelt ebenso wie die Tierwelt achten, und auch all jene Dinge, die dir nebensächlich vorkommen, ob es ein Pilz ist oder ein armer, kleiner Regenwurm, der versucht, zurück ans Flussufer zu gelangen. Bei uns werden nur Eichhörnchen und Schuppentiere gejagt, das ist das Wild, das uns unsere Ahnen geben, denn die anderen Tiere sind Familienmitglieder, die aus dieser Welt fortgegangen sind, aber in der anderen leben, es sei denn, wir bekommen in unseren Träumen etwas anderes gesagt. Würdest du deinen Vater, deine Mutter oder deinen Bruder aufessen? Ich glaube nicht. Ich weiß, für ein Kind, das in der Stadt aufwächst, sind das seltsame Dinge, dennoch haben diese Wahrheiten aus uns das gemacht, was wir sind. Was dich betrifft, iss kein Fleisch von einer Hirschkuh oder einem Hirsch, denn selbst wenn du nicht davon stirbst, wird etwas von dir verschwinden, und dieses Etwas heißt *Glück*, oder vielmehr *Segen* …«

*

Ich hustete in Tonton Matétés Rücken, der noch immer das Adolphe-Sicé-Krankenhaus betrachtete. Er drehte sich zu mir um und fragte mich ernst:

»Sag mir die Wahrheit, mein Kleiner: Hast du Fleisch von einem Hirsch oder einer Hirschkuh gegessen?«

»Nein!«

»Da bin ich aber froh, Neffe, dass du auf mich gehört hast! Ich habe mir viele Sorgen um dich gemacht, das kannst du dir kaum vorstellen!«

Wir kehren zurück ins Wohnzimmer. Da er unangekündigt vorbeigekommen ist, habe ich nichts zur Hand, was ich ihm anbieten könnte. In der Küche finde ich drei Eier, die ich in eine Pfanne schlage. Ich breche drei Kochbananen von dem Büschel, das er mir geschenkt hat. Während ich koche, spüre ich, dass er hinter mir steht.

»Was machst du da, Neffe?«

»Ich koche uns etwas …«

»Nein, das brauchst du nicht … Ich esse sowieso keine Eier, und du kannst mir doch nicht die Bananen servieren, die ich dir geschenkt habe!«

Ratlos schlage ich ihm vor, im Stadtviertel Rex etwas essen zu gehen. Er lehnt auch dieses Angebot ab:

»Deshalb bin ich nicht hergekommen, Neffe. Ich wollte mich nur vergewissern, dass es dir gut geht, dass du in all den Jahren kein Fleisch vom Hirsch und seiner Kuh gegessen hast. Ich habe dir deinen Doppelgänger gezeigt, dieses Hirschkalb, das du in deinen Träumen gesehen hast, als du etwa zehn Jahre alt warst. Das Junge ist noch immer im Busch und wird so lange leben wie du, oder du wirst so lange leben wie es ...«

Plötzlich macht er ein gequältes Gesicht, das mich beunruhigt. Ich glaube zu erraten, was er von mir erwartet. »Ich weiß, weshalb du gekommen bist, Tonton: Du möchtest, dass ich diesen Doppelgänger in Louboulou besuche.«

»Nein, keineswegs, das ist zu weit weg, und ich nehme an, du wirst bei alldem, was du in den wenigen Tagen tun musst, die du hier bist, keine Zeit dafür haben. Dein Doppelgänger wird dich verstehen, aber du musst ihm etwas geben, das ich ihm gerne überbringen werde, wenn ich nächsten Monat dorthin gehe …«

»Ach so, ich verstehe! Wie viel?«

»Mein Neffe, enttäusche mich nicht. Ich weiß, dass du in Ländern lebst, in denen man nur vom Geld spricht, aber du sollst wissen, dass es auf der Welt auch noch andere Dinge gibt, die zählen. Was bewirkt hat, dass du heute lebst, hat keinen Preis …«

»Was könnte ich einem Tier überbringen lassen, das ich als Zehnjähriger in einem Traum gesehen habe?«

»Etwas von dir, etwas, das von dir stammt …«

Er kramt in seiner Tasche und zieht ein leeres Röhrchen heraus, wie es Ärzte in Krankenhäusern für Blutproben benutzen.

»Fülle etwas von deinem Urin ab, ich bewahre es im Gefrierfach auf, bis ich es am Ufer jenes Flusses in Louboulou vergießen werde, an dem wir vor mehr als fünfunddreißig Jahren standen. Die Hirschkuh und der Hirsch sind nicht mehr da, denn deine Großeltern sind gestorben, aber ihr Kalb, das jetzt dein Alter hat, wird an derselben Stelle warten. Es muss deine Anwesenheit spüren, dein Urin wird ihm genügen, damit es dir weiter seinen Segen spendet …«

Ich verschwinde auf die Toilette und kehre mit dem gefüllten Röhrchen zurück. Jetzt zieht er einen Beutel aus seiner Tasche und packt das Ding hinein.

»Gut, mein Neffe, und jetzt muss ich weiter …«

Ich halte ihm einen Umschlag hin, in dem zwanzigtausend CFA-Francs stecken.

»Nein, mein Neffe, ich bin nicht deshalb zu dir gekommen.«

»Ich bitte dich, Tonton, nimm es, für das Taxi, damit du wieder nach Hause kommst …«

Er zögert kurz, schlägt die Augen nieder und steckt den Umschlag ein:

»Danke, mein Neffe.«

Zweite Woche

DER SCHWEBENDE SCHRITT
DES STORCHES

Ich schreibe in ein Schulheft, aus dem ich bei der kleinsten
Streichung sofort die Seiten herausreiße. Als ob die Vergangenheit eine gerade Linie wäre, eine starre, dem Unge-
stüm der Winde gegenüber gleichgültige Welle. Wenn ich
mit einem Absatz unzufrieden bin, renne ich manchmal in
die Küche und wühle in dem kleinen Papierkorb nach dem,
was ich am Vorabend weggeworfen habe. Und das behalte ich dann und verwerfe ohne Reue, womit ich noch wenige Minuten zuvor zufrieden war und was ich für eine
wahrheitsgetreue Niederschrift meiner Gedanken und jener Bilder hielt, die diese Heimkehr in mir wachrufen.

Ich erhalte Besuch von einigen »Jungautoren«, wie sie sich
hier selbst nennen, weil der Leiter des Institut français darum gebeten hat. Mir hatte er dazu nur gesagt:

»Sie möchten Schriftsteller sein wie jeder gute Kongo-
lese, der etwas auf sich hält, und sie haben Manuskripte in
Hülle und Fülle. So etwas habe ich noch in keinem Land
erlebt, in dem ich gearbeitet habe! In jedem steckt hier ein
Dichter! Und sie liegen schon tagelang auf der Lauer! Empfangen Sie die jungen Menschen und reden Sie zwei, drei
Worte mit ihnen, es ist wichtig für sie. Über ein Dutzend
erwarten Sie unten in der Halle. Ich habe eine kleine Ecke
für Sie reserviert, dort sind Sie ungestört …«

Wir diskutierten über zwei Stunden in der Empfangshalle, direkt unter meiner Wohnung. Einige von ihnen hielten große Stücke auf die Dichter Tchicaya U Tam'si und Maxime N'Debeka. Andere schworen auf die Romanciers Henri Lopès, Sony Labou Tansi und Emmanuel Dongala. Sie lasen mir ihre Gedichte vor und warteten darauf, dass ich ihr Genie lobte oder ihnen riet, ihre Texte zu überarbeiten. Sie waren ein wenig enttäuscht, als ich vorbrachte, dass ich zu einem solchen Machtwort nicht befugt sei.

Gegen Ende dieses regen Gedankenaustauschs, bei dem jeder versuchte, seine Arbeit den anderen zu zeigen und deutlich zu machen, wie sehr er es verdient hätte, veröffentlicht zu werden – diejenigen nicht mitgerechnet, die ihr Werk bereits auf eigene Kosten hatten drucken lassen und glaubten, über den Schlachten zu stehen, weil sie zumindest einen gedruckten Beweis für ihren Status als Schriftsteller in der Hand hielten –, fragte mich ein junger Prosa-Autor:

»Warum schreiben Sie?«

Da ich langsam müde wurde, antwortete ich, was mir gerade durch den Kopf ging:

»Ich weiß nicht, warum ich schreibe, vielleicht ist das der Grund, weshalb ich die Seiten herausreiße, die ich bereits vollgeschrieben habe, sie in den Müll werfe und dabei denke, dass mir sowieso nichts anderes übrig bleibt, deshalb fische ich sie am nächsten Morgen wieder aus dem Papierkorb, um sie neu zu schreiben. Bis das Buch eines Tages fertig ist, egal wie lange es dauert.«

Sie haben darüber gelacht, ich nicht. Zumal mein Papierkorb jetzt voll mit zerknüllten Seiten ist …

Ich habe im Kopf nachgerechnet: Siebzehn Jahre nach dem Tod meiner Mutter, sieben Jahre nach dem Tod meines Vaters und dreiundzwanzig Jahre nach meiner Abreise nach Frankreich bin ich in diese Stadt zurückgekehrt. Trotzdem habe ich nicht gemerkt, wie die Zeit vergangen ist. Ich bin nur ein schwarzer Storch, der inzwischen länger unterwegs ist, als es seiner Lebenserwartung entspricht. Schwebenden Schrittes habe ich am Bach der Ursprünge innegehalten in der Hoffnung, eine Existenz zum Stehen zu bringen, geschüttelt von diesen Myriaden von Blättern, die der genealogische Baum abgeworfen hat.

Sie mag zugrunde gerichtet und von ihrer anarchischen Ausdehnung zerfressen sein, ich suche trotzdem nach Gründen, diese Stadt zu lieben. Treu wie der Hund des Odysseus streckt mir die alte Geliebte ihre langen, schlaffen Arme entgegen, zeigt mir Tag für Tag ihre tiefen Wunden, als ob ich sie mit einem Zauberstab ausbrennen könnte.

Heute Morgen schlage ich die Gedichtsammlung *L'Envers du soleil* (»Die Kehrseite der Sonne«) des kongolesischen Schriftstellers Jean-Baptiste Tati Loutard auf, den Pointe-Noire besonders geprägt hat. Ich stoße auf die folgenden Verse, die meine augenblickliche Verfassung auf den Punkt bringen:

Ich bin der Nachzügler eines verlorenen Stammes,
Aus den Savannen gejagt wie ein Tier
Vom Getrommel einer anderen Herde …

Dann will es sich ans Ufer der Zeit setzen
Und durch die dunklen Adern der Erde streifen,
Wo die Armen, die der Tod mit Vergessen bedeckt hat,
Getröstet nach tausend Leiden, ihres Weges ziehen ...

Ich bin gekommen wie ein Zugvogel, dessen Gezwitscher halb verstummt ist, bereit, das Ausmaß der Verwüstung meiner Heimat zu akzeptieren und mich auf den erstbesten Baum mit seiner von Dürren aufgesprungenen Rinde zu setzen. Vielleicht übertreibe ich, aber mir macht selbst die geringste Stille Angst, und jedes Rascheln jagt mir einen Schrecken ein, drängt mich immer mehr, dieser unvermeidlichen Begegnung auszuweichen. Wie Candide betrachte ich die Orte und zweifle nicht daran, dass auch sie mich mit großen Augen ansehen. Meine Silhouette eilt mir voraus, als wollte sie mir den Weg weisen, den ich einschlagen muss. Soll ich mich der Dunkelheit oder dem Licht anvertrauen? Viele meiner Leute hat die Dunkelheit verschlungen, während die Sonne meine Abwesenheit ausgenutzt und die Fundamente einer Kindheit verzehrt hat, die man von nun an in den Gespinsten der Erinnerungen suchen muss. Eine Stimme in mir murmelt, dass einst ein Junge zur Welt kommt, der schon alle Zähne und dichtes, krauses Haar hat. Ich mache mich also mit der Beharrlichkeit eines Anthropologen daran zu graben. Mein Werkzeug? Eine vom Salz der Trauer zerfressene Hacke. Eine Hacke, deren Stiel dank des Eisendrahts der Erinnerung hält. Meine Versessenheit zeigt mir, dass hinter diesen Mutationen der Stadt Pointe-Noire einige Überreste aus ihrer Asche wiederauferstehen werden.

Vom vielen Graben in den vagen Erinnerungen kommt mir die Stadt nun vor wie der Katoblepas, das apathische Untier, das Flaubert in der *Versuchung des heiligen Antonius* erwähnt und das allmählich seine eigenen Füße verschlingt. Ich borge folglich meine Füße diesem Paradies von einst. Ich weiß, dass ich am Ende meiner Wanderung auf Orte stoßen werde, die Eckpunkte meiner Kindheit waren. Denn Pointe-Noire döst noch immer mit einem Auge, und aus dem anderen fließt eine unstillbare Träne, eine Art Nebenfluss in Richtung Côte Sauvage …

Ich wandere mit der Bürde der Undankbarkeit durch die Straßen eines städtischen Ballungsgebiets, das mich lange Zeit beschäftigt hat. Jeder Stein ist ein Stein der Epoche, in der ich, die Hosenträger meiner Schuluniform festhaltend, mit offenem Mund und geballten Fäusten herumrannte, bis ich außer Atem war, weit davon entfernt, mir vorzustellen, dass auch der Raum Grenzen hatte, dass die Zeit sogar verging, wenn ich die Augen offen hielt. Ich erinnere mich, dass ich damals den Flugzeugen nachschaute, die mit unbekanntem Ziel über die Stadt flogen. Was transportierten diese großen Vögel, deren Lärm die Holzhütten erschütterte und Haustiere und Säuglinge in Angst und Schrecken versetzte? Damals dachte ich, jedes Flugzeug bringe zwangsläufig eine schlechte Nachricht. Eine sehr schlechte Nachricht. Ich kreuzte die Finger, damit keiner dieser Unglücksvögel in unserer Stadt landete und niemand an die Tür eines Mitglieds der Familie klopfte, um zu verkünden:

»Der Arzt hat getan, was in seiner Macht stand, doch leider hat Gott euren Angehörigen zu sich gerufen ...«

*

Durchgänge, die nirgendwohin führen. Manche Straßen haben noch immer keinen Namen. Andere verlieren sich Richtung Atlantik, hoffen, dort zu enden, verlaufen aber umständlich hinter baufälligen Anwesen und münden in einer Sackgasse, in der hier und da abgeladener Müll einen Berg bildet, der den Horizont verdeckt.

Ein rachitischer Hund irrt mit eingeklemmtem Schwanz umher und beobachtet mich aus den Augenwinkeln, bevor er Reißaus nimmt. Bestimmt hat er in mir ein Gespenst gesehen. Ich hielt ihn für den Hund meiner Kindheit, Miguel. Wir sind quitt.

CINEMA PARADISO

Es gibt kein Kino mehr in dieser Stadt, und das seit den 1990er-Jahren, als die Bevölkerung miterleben musste, wie sich die Erweckungskirchen ausbreiteten und die meisten Säle, die der siebten Kunst gewidmet waren, im Sturm eroberten. Das Rex, ein mythischer Ort der Filmvorführung, ist zu einer Kirche der Pfingstbewegung geworden, die sich »La Nouvelle Jérusalem« nennt, mit Pastoren im Sonntagsstaat, die aus voller Kehle die Apokalypse verkünden, Ungläubigen mit den Flammen der Gehenna drohen und ihren Schäfchen Wunder und Glück versprechen. Die Desillusionierung lässt sich auf den Gesichtern der Blinden, Tauben, Stummen und Lahmen ablesen. Sie lungern im Umkreis des Rex herum und hoffen auf göttliche Heilung.

Aber genau dort haben wir uns jeden Morgen versammelt und darauf gewartet, dass das Plakat des Films angeklebt wurde, der ab dem frühen Nachmittag dort laufen sollte. Genau dort haben wir die Abenteuer von Bud Spencer und Terence Hill in *Die rechte und die linke Hand des Teufels*, *Vier Fäuste für ein Halleluja* oder *Zwei außer Rand und Band* bejubelt. Dort sagte uns der Türsteher, ein Profiboxer mit der Visage eines Gauners aus dem Wilden Westen, wo es langging, und zeigte uns, wo wir uns in der Schlange anzustellen hatten. Er trug bei der Arbeit immer seine Boxhandschuhe um den Hals und schlüpfte beim geringsten Aufruhr in der Menge hinein. Wir waren seine

Untertanen, mussten uns seinem Willen, seinen Launen beugen, um uns nicht einen Aufwärtshaken einzufangen, der uns geradewegs ins Adolphe-Sicé-Krankenhaus katapultierte. Wenn es ihm passte, jagte er einen von seinem Sitz, damit einer seiner Verwandten oder jemand, der ihn bestochen hatte, darauf Platz nehmen konnte, und es blieb einem nichts anderes übrig, als sich auf den Boden zu setzen. Er gewährte Jugendlichen Eintritt in eine Vorstellung, die »für Jugendliche unter achtzehn Jahren« verboten war, wenn man ihm dafür eine Zehn-CFA-Münze gab. Soweit ich mich erinnere, war er für die meisten Streitereien vor und im Kino direkt verantwortlich, da er die Örtlichkeiten nutzte, um das anzuwenden, was er im Boxtraining gelernt hatte. Da er hässlich war, nannten ihn alle schon nach kurzer Zeit »Joe Frazier«, ein Nachhall der Worte Muhammad Alis, der mit seinem hartnäckigen Konkurrenten ähnlich umgesprungen war.

Als die Martial-Arts-Filme in der Hauptstadt ankamen, merkte unser lokaler Joe Frazier, dass Boxen niemandem mehr Angst einjagte, da ein Boxkämpfer im Gegensatz zu einem Karateka nicht durch die Luft wirbeln konnte – wir nannten es »Abheben« –, um genau vor seinem Gegner zu landen und ihm den entscheidenden Schlag zu versetzen. Wir wussten nicht, dass dieses »Abheben« nur einer jener filmischen Tricks war, die das Kino so gut in Szene setzen konnte, und dass die Filmhelden Menschen waren wie du und ich. Von einem Tag auf den anderen hatten die Plakate von Bruce Lee in *Die Faust des Drachen*, in *Die Todeskralle schlägt wieder zu* oder *Bruce Lee – Mein letzter Kampf* die von Clint Eastwood, Lee Van Cleef und Eli

Wallach in *Zwei glorreiche Halunken* ersetzt. Die Helden der Italowestern mit ihren unerreichbaren Feuerwaffen und den Pferden, von denen man höchstens träumen konnte, hatten ihren Zauber verloren. Aus unserer Sicht war Karate wie für uns gemacht, denn es genügte, verschiedene Katas und die Philosophie von Meister Funakoshi Gichin, dem Erfinder des Shotokan-Karate, zu erlernen. Das erklärte, warum Dojos bei uns wie Pilze aus dem Boden schossen, warum wir unser gesamtes Taschengeld bei Meister Mabiala ließen, der sich selbst zum Träger des Schwarzen Gürtels, 12. Dan, gekürt und versprochen hatte, uns das Geheimnis des »Abhebens« von Bruce Lee zu enthüllen. Wir waren viele, und alle warteten auf den entscheidenden Augenblick, an dem wir mit einem Schrei abheben und unseren Feind in Angst und Schrecken versetzen würden, doch der angebliche Meister verlegte sich auf Kraftübungen, die uns so sehr anstrengten, dass die Zahl der Schüler täglich kleiner wurde. In Wahrheit waren wir seine Knechte, und er zwang uns, seinen Dojo und sein Haus zu fegen, sein Essen zu kochen, sein Geschirr abzuwaschen oder seine Kleider im Tchinouka-Fluss zu waschen. Allen, die ungeduldig wurden und sich erkundigten, wann er uns endlich das heiß begehrte »Abheben« zeigen würde, antwortete er:

»Ihr habt noch nicht alle Katas von Meister Funakoshi gelernt, und selbst wenn ihr sie beherrscht, gibt es noch andere Katas zu lernen, höhere, die von seinen Schülern zu seinem Andenken hinzugefügt wurden! Und überhaupt, hört auf, euch zu beklagen, ein geschlüpfter Vogel ist kein Dieb, seine Flügel müssen erst wachsen! Das gilt auch für euch, gebt den Flügeln eures Geistes Zeit zu wachsen. Eines Tages werdet ihr abheben, ohne es zu merken!«

Den Unverzagten, die weiterhin seine Übungsstunden besuchten, gelang es schließlich abzuheben: Meister Mabiala setzte sie mithilfe einer Leiter auf das Dach seines Hauses und befahl ihnen zu springen und dabei denselben Schrei auszustoßen wie Bruce Lee in *Die Todesfaust des Cheng Li* ...

Die Filmkomödien überlebten diese anbrandende Welle von Martial-Arts-Filmen dank der Energie und den witzigen Gebärden von Louis de Funès in *Der Gendarm von Saint Tropez* oder in *Fantomas bedroht die Welt* und *Fantomas gegen Interpol*. Der französische Komödiant spielte die Rolle des Kommissar Juve, der besessen ist von der Idee, den Staatsfeind Nummer eins, Fantomas, zu fangen. Dieser Antiheld verhöhnte Kommissar Juve ständig und entkam unter dem Applaus des Publikums mit seiner Rakete. Es war eine der seltenen Gelegenheiten, bei der wir einen Bösen beklatschten, was bei Italowestern nie vorkam, wo das Saalpublikum die Feinde Clint Eastwoods auspfiff und sein Geld zurückhaben wollte. Uns ärgerte vor allem, dass Gauner vorkamen, die Clint Eastwood bereits im vorausgegangenen Film getötet hatte und die im nachfolgenden dennoch wiederkehrten. Da wir den Film für die Wirklichkeit hielten, waren wir schockiert und glaubten, man wolle uns für dumm verkaufen, als ob wir diesen Betrug nicht merken würden, dessen Ziel es war, uns das Geld aus der Tasche zu ziehen.

Die indischen Filme konnten sich geschickt aus der Affäre ziehen, sicher wegen der endlosen Liebesgeschichten, die ihr Markenzeichen waren, aber auch wegen der Muskelkraft des Schauspielers Dara Singh, ganz zu schweigen vom Filmmärchen *Bahut Din Huwe*, das in französischer Synchronisation unter dem Titel *Magicien de l'enfer* (»Der Zauberer der Hölle«) lief und bei dem uns vor allem die Musik verzauberte und zu Tränen rührte. Wir träumten davon, eines Tages nach Indien zu gehen, wo wir Inderinnen heiraten würden, die denselben Schmuck trugen wie die Schauspielerinnen, die auf der Leinwand so hinreißend waren. Indien war für uns, was Peru für Candide war, der Ort, an dem unsere Träume in Erfüllung gingen, wenn wir nur mit dem Zauberstab wedelten, wie wir es im Kino vorgemacht bekamen. Wir würden dann mühelos Hindi oder Urdu sprechen, denn auch wenn wir nichts verstanden, sangen wir in diesen Sprachen mit den Schauspielern mit. Sicher, wir würden arm sein, aber das würde uns nicht stören, denn in diesen Filmen heirateten die Habenichtse zum Schluss die Schönste, und selbst der reichste Mann hatte das Nachsehen. Wir würden allerdings verlangen, die Frauen tatsächlich zu küssen, denn wir hielten nichts von dieser schamhaften Zurückhaltung, die uns ärgerte und uns nötigte, selbst darauf zu kommen, dass der Hauptdarsteller und seine Dulcinea zu guter Letzt miteinander ins Bett gegangen waren …

Der Filmvorführer im Rex war ein junger Schürzenjäger, der bei jeder Vorstellung eine neue Freundin in seine Vorführkabine einlud. Er suchte sie unter den jungen Damen aus, die mit uns Schlange standen. Um rasch seinen Blick auf sich zu ziehen, kleideten und schminkten sie sich, als gingen sie auf eine Party. Man musste gesehen haben, wie sie mit den Augen klimperten, damit der Techniker, der sich bei seiner Entscheidung Zeit ließ, auf sie aufmerksam wurde. Sie zankten sich, beleidigten einander, bis die Glückliche auserwählt war, die das Privileg haben würde, den Film durch ein kleines Loch direkt neben der Fensteröffnung für die Projektion anzuschauen. So mancher Zwischenfall wurde durch den Vorführer verursacht, der bei dem Mädchen Eindruck schindete, indem er ihr die Kniffe seines Metiers und das, wie er es nannte, »Zauberwerk des Kinos« zeigte. Da er laut sprach, entging den Zuschauern im Saal nicht, wie er erklärte, dass es in einem Film vierundzwanzig Bilder pro Minute gab und eine Flügelblende den Lichtstrahl unterbrach, um die Illusion einer flüssigen, nicht flimmernden Bewegung auf der Leinwand zu erzeugen. Prompt bat die erregte junge Frau darum, die Spulen austauschen zu dürfen, und lieferte uns versehentlich Bilder, die auf dem Kopf standen. Wir hörten sie lachen, in dem Verschlag herumtollen und einander nachjagen, bis das Publikum applaudierte. Wir nahmen es dem Filmvorführer trotzdem nicht krumm, denn wir wussten, dass der Zauber von ihm abhing, von seiner Art, den 35-mm-Projektor zu bedienen.

Die Arbeit des jungen Mannes beschränkte sich aber nicht darauf, sich in der Vorführkabine zu verkriechen. Man hörte ihn die Treppe hinunterrennen und nach draußen stürzen, um die Spulen in Empfang zu nehmen, die in einem kleinen Renault 4L Kastenwagen von zwei Kinos am anderen Ende der Stadt geliefert wurden, dem Duo und dem Roy. Wir mussten tatsächlich warten, bis die anderen beiden Kinosäle zumindest zwei Spulen abgespielt hatten, die jeweils fünfzehn bis zwanzig Minuten dauerten. Das heißt, bei langen Filmen wie *Mangala – Indische Liebe und Leidenschaft*, der über zweieinhalb Stunden dauerte, hatte der Lieferant viel zu tun, ebenso wie der Filmvorführer, den die Zuschauer auspfiffen, wenn der Film Verspätung hatte und die Aufführung mitten in einer aufregenden Szene unterbrochen wurde, weil der Lieferwagen eine Panne hatte oder es in anderen Sälen Schwierigkeiten gab. Der Vorführer, der durch nichts zu erschüttern war, zeigte uns dann einen Werbefilm für Seifen in Endlosschleife …

Vor dem Kino gab es einige Händler, die ihre Waren auf dem Boden ausbreiteten: Comichefte von Tex Willer, Rodeo- und Ombrax-Hefte, Blek le Roc, Zembla und die Romane von Gérard de Villiers oder San-Antonio. Manchmal stieß man auch auf eine Gedichtsammlung von Rimbaud oder Baudelaire oder auf eine Gesamtausgabe aus der berühmten Pléiade-Reihe. Beim Aufschlagen des Buches prangte darin der Stempel des *Centre culturel français*. Ein solcher Band fand nicht oft einen Käufer, denn der gefragteste Titel in dieser »Straßenpflaster-Buchhandlung« war *Afrikanisches Blut* (Band 1, *Der Afrikaner*, und Band 2, *Die Liebende*) von Guy Des Cars. Wir waren gebannt von den beiden Helden, die eine Mischehe eingegangen waren: der Französin Yolande Hervieu – mit Eltern, die ehemals Kolonialisten waren, reich und rassistisch – und dem Waisenjungen aus Ubangi-Schari, Jacques Yero, der aus einer armen Familie stammte und von Weißen adoptiert worden war, die ihn nach Frankreich schickten, damit er dort sein Studium fortsetzte, und das in den Fünfzigerjahren, als ein Schwarzer stets darum kämpfte musste, der Welt zu beweisen, dass er ein Mensch wie jeder andere war. Die beiden Helden lernen sich in den Hörsälen der Juristischen Fakultät in Paris kennen. Mit angehaltenem Atem lasen wir die Passage, in dem die Weiße sich entschließt, ihren schwarzen Bräutigam ihren Eltern vorzustellen. Der Mut dieser Französin bewegte uns sehr, denn sie folgt ihrem Mann nach Afrika gegen den Willen ihrer Eltern, die sich dieser Ehe natürlich widersetzen. Im ersten Band von *Afrikanisches Blut* lasen wir also über unsere eigene Geschichte, denn das Leben des Ehepaars auf dem schwarzen Kontinent fiel in eine Zeit, in der mehrere französischsprachige Länder in die Unabhängigkeit entlassen wurden, in der Ubangi-Schari zu Zentralafrika wurde. Im zweiten Band hatte der Mann Karriere in der Politik gemacht, was jedoch mit viel Neid verbunden war, ganz zu schweigen von einem gewissen Rassismus, den es aufseiten der Schwarzen ebenso gab wie aufseiten jener Weißen, die stets bereit waren, Gedanken auszubrüten, die ihre Überlegenheit priesen. Später in Frankreich erfuhr ich, wie wenig Guy Des Cars dort geschätzt wurde: Man bezeichnete seine Werke als »Groschenromane«, und ihren Autor bisweilen sogar »Groschen-Guy«. Aber das minderte meine Bewunderung für ihn nicht im Geringsten, denn mit Sicherheit hat er einer ganzen Generation von Pontenegrinern, wenn nicht gar einer ganzen Generation frankophoner Afrikaner Lust auf Bücher gemacht.

Diese »Straßenpflaster-Buchhandlungen«, die es auch vor dem Roy und dem Duo gab, waren auf uns Kinobesucher angewiesen. Sie haben folglich das Verschwinden des Kinos nicht überlebt. Andere Zeiten, andere Sitten, vor dem Rex haben Händler eine behelfsmäßige Telefonzelle aufgestellt. Sie bieten Anrufe für fünfzig CFA-Francs an, bringen Handys und wiederaufladbare Telefonkarten in Umlauf. Andere verkaufen Benzin in Pastis-Flaschen, die sie im Stadtzentrum gesammelt haben. Ob die Pfingstler, die sich zum »Neuen Jerusalem« bekennen und die Bibel respektieren, eines Tages so weit gehen werden, diese Kleinhändler von dort zu vertreiben, wie Jesus die Händler aus dem Tempel?

*

An diesem frühen Nachmittag stehe ich vor dem Gebäude, das früher Garant unserer Träume war und fiktive Helden aus aller Welt in unser Stadtviertel brachte. Das Rex schien mir jetzt winzig zu sein, während es mir damals riesengroß, wenn nicht gar unermesslich vorkam. Liegt das daran, dass ich inzwischen andere, größere Kinosäle in Europa, Los Angeles oder Indien besucht habe, wo die Zuschauer sich hemmungslos in Schauspieler verwandeln?

Ich betrachte unser altes Kino und kann meine Enttäuschung kaum verhehlen. Ein Transparent weist darauf hin, dass auf dem Gelände ein Festival für christliche Musik stattfindet. Zwei Glaubensbrüder der Pfingstler-Gemeinde, der eine groß, der andere klein gewachsen, stehen vor dem Eingang und mustern mich herausfordernd, als hätten sie meine Absicht erraten, hineinzugehen. Ich nähere mich, der Große tritt zur Seite. Vielleicht denkt er, ich sei mit dem Pfarrer verabredet. Auf der Schwelle drehe ich mich um und winke meinen Cousin Gilbert und meine Lebensgefährtin herbei, die auf der anderen Straßenseite vor dem Restaurant warten. Sie überqueren die Avenue de l'Indépendance und kommen zu mir.

Beim Anblick des Fotoapparats meiner Freundin runzelt der kleinere Mann die Stirn und stürzt auf sie zu:

»Was ist das, Madame? Dies hier ist ein Gotteshaus, Filmen und Fotografieren ist hier nicht erlaubt!«

Sofort kommt Gilbert uns zu Hilfe:

»Mein Cousin kommt aus Europa, er ist Schriftsteller und schreibt an einem Buch über seine Kindheitserinnerungen und …«

»Ausgeschlossen! Für einen Ungläubigen ist der Eintritt sowieso verboten, Schriftsteller hin oder her!«

»Ungläubig? Sie kennen ihn nicht und nennen ihn einen Ungläubigen?«

»Das sieht man doch! Wäre er ein Sohn Gottes, würde er hier nicht mit einer Kamera auftauchen!«

»Das ist keine Kamera, das ist ein Fotoapparat …«

»Das läuft auf dasselbe hinaus!«

Da es ihm an Argumenten mangelt, hält mein Cousin es für angebracht, die Keule herauszuholen:

»Ihr geht uns auf den Sack mit eurer Religion! Wenn Gott keine Bilder mag, warum lasst ihr euch dann bei der Messe filmen, um euch sonntags im Fernsehen zu produzieren?«

Jetzt greift der Große ein:

»Schluss jetzt, verschwindet!«

Gilbert gerät außer sich. Er schubst den Kleinen zur Seite und geht in den Saal, wo ich bereits warte. Meine Freundin folgt ihm, während die beiden Glaubensbrüder geschockt von so viel Dreistigkeit wie Salzsäulen dastehen. Dann gehen sie ebenfalls hinein und heften sich an unsere Fersen. Der Große schimpft, als meine Freundin fotografiert.

»Hören Sie auf, dieses Gotteshaus aufzunehmen!«

Hinter dem Altar taucht ein piekfein gekleideter junger Mann auf.

Der Kleine knurrt wie ein Wachhund:

»Wir können nichts dafür, Pastor! Wir haben ihnen gesagt, sie sollen das Haus des Herrn nicht betreten, doch sie ließen sich nicht abhalten!«

Beschwichtigend wendet sich der Pfarrer an uns:

»Besitzen Sie die Erlaubnis des Besitzers, hier Fotos zu machen?«

»Wer ist der Besitzer?«, fragt meine Freundin.

»Er wohnt direkt hinter dem Gebäude, und ich glaube, er wird nicht sehr erfreut sein über das, was Sie hier tun, denn Sie verletzen sein Eigentumsrecht. Ich schlage vor, Sie folgen mir und erklären sich ihm gegenüber. Er wird von Ihnen verlangen, die bereits gemachten Aufnahmen zu löschen. Sie sind nicht die Ersten, die hier fotografieren wollen!«

Im Gänsemarsch gehen wir hinter dem Pastor wieder nach draußen und um das Gebäude herum. Wir gelangen an eine Parzelle, auf der ein kahl geschorener Mann in Bermudas und Muskelshirt vor einer der drei Türen eines langen Mietshauses sitzt.

Der Mann bemerkt uns, reißt die Augen vor Verwunderung weit auf, als er mich sieht, und stößt einen Schrei aus, bei dem es dem Pastor die Sprache verschlägt:

»Der Amerikaner! Ich traue meinen Augen nicht! Du hast daran gedacht, den alten Koblavi zu besuchen!«

Der Pastor murmelt ihm etwas ins Ohr, Koblavi weist ihn zurück:

»Nein! Nein! Nicht doch! Er ist hier zu Hause! Er kann Fotos machen, so viel er will! Wusstest du, dass sein Onkel Albert die kleine Straße vor dem Kino, die Rue de Louboulou, gegründet hat?«

Der Pastor legt die Arme an, hält den Kopf schief und entschuldigt sich bei uns. Er verbeugt sich drei Mal und tritt den Rückzug an, während Koblavi mir einen Stuhl neben sich anbietet:

»Ich bitte dich, setz dich, kleiner Bruder! Gilbert und Madame, solange ich mich mit meinem Amerikaner unterhalte, könnt ihr in den Saal gehen und Aufnahmen machen …«

Kaum haben sich Gilbert und meine Freundin auf den Weg gemacht, bekommt Koblavi ein trauriges Gesicht:

»Ich habe dich oft im Fernsehen gesehen, wenn du über deine Bücher gesprochen hast, entschuldige bitte, ich schäme mich, weil ich nie eines gelesen habe … Einmal hast du in einem Interview sogar das Rex erwähnt, du kannst dir nicht vorstellen, welche Freude du mir damit gemacht hast!«

Er blickt zum Himmel:

»Der Herr hat diese Stadt fallen gelassen, und dabei hat er auch dem Rex den Rücken gekehrt … Manchmal gehe ich in den Saal, ich verriegle alles, setze mich in seine Mitte, um mich in jene Zeit zurückzuversetzen, als er zum Bersten voll war. Ich höre den Lärm, den Applaus, ich sehe, wie über den Köpfen der Jugendlichen Träume in den Himmel wachsen und sie für eine oder zwei Stunden die Sorgen des Alltags vergessen ...«

»Heute gibt es Videorekorder, DVD-Player, sie können noch immer träumen und ...«

»Das ist doch Quatsch, Amerikaner! Ersetzt das etwa die Stimmung, die damals im Rex herrschte? Diese neumodischen Sachen – da regiert der Individualismus! Was das Kino einmal ausmachte, ist verloren gegangen, Brüderchen! Ein Film, den man zu Hause ansieht, hat nicht dieselbe Kraft wie einer, den sich ein großes Publikum in einem Kinosaal anschaut!«

Er verjagt zwei Fliegen, die um seinen Kopf kreisen und fährt fort:

»Dir, der du aus Amerika kommst, empfehle ich, einmal *Becky Sharp* anzuschauen! Das ist echtes Kino, glaub mir! Und das sage ich nicht nur, weil ich ein Bewunderer der Hauptdarstellerin bin, ich hatte Miriam Hopkins bereits in *Doktor Jeckyll und Mister Hyde* gesehen. Nein, sie ist einfach fabelhaft!«

Er steht auf und geht ins Haus. Eine Minute später kehrt er mit dem Foto der amerikanischen Schauspielerin zurück:

»Schau nur, wie schön sie ist! Wusstest du, dass ich darauf bestanden hatte, dass man im Rex alle Filme zeigte, in denen sie mitgespielt hat? Gut, die Leute sahen lieber Duelle mit Revolverhelden, indische Schinken, den Klamauk von Louis de Funès und den ganzen Mist der Darsteller in den Martial-Art-Filmen. Sag, was kann man von einem solchen Film lernen?«

Er reißt mir das Foto fast aus der Hand und schnauft: »Ich dulde nicht, dass dieser Dreck das Bild meines Idols in den Schmutz zieht!«

Er geht zurück, um das Foto aufzuräumen, und kommt mit einer Flasche Bier und zwei Gläsern wieder. Da er darauf besteht, erzähle ich ihm von Amerika. Seine Augen glänzen fast wie die eines Jungen, der sich über ein Geschenk freut:

»Hast du schon die beiden Sterne von Miriam Hopkins auf dem Hollywood Walk of Fame gesehen?«

»Leider nein … Diese Schauspielerin war mir unbekannt. Ich habe nicht darauf geachtet, als ich *Doktor Jeckyll und Mister Hyde* gesehen habe …«

Sein Gesicht erstarrt, als ob ich einen Frevel begangen hätte. Mit halb geschlossenen Augen murmelt er:

»Mein großer Traum ist, einmal nach Hollywood zu reisen. Ich begreife nicht, wie du in der Stadt des Films leben kannst, ohne dir Zeit genommen zu haben, die beiden Sterne von Miriam Hopkins zu besuchen …«

Enttäuscht stürzt er sich in eine wütende Schmährede auf die politisch Verantwortlichen, die ihm nicht geholfen haben, sodass er gezwungen war, das Rex an eine religiöse Gemeinschaft zu vermieten:

»Diese Politiker haben dem Kino den Todesstoß versetzt! Und so ist es überall im Land, kleiner Bruder! Sogar in Brazzaville gibt es kein Lichtspieltheater mehr! Kannst du dir vorstellen, was das heißt? Wie sollen jetzt die jungen Leute Miriam Hopkins kennenlernen? Das Kino war ein magischer Ort, und überall, wo es Lichtspieltheater gab, haben sie den Stadtvierteln ihren Namen gegeben. Jetzt haben wir den Stadtteil Rex, den Stadtteil Duo und den Stadtteil Roy, aber leider begreifen unsere Politiker nicht, was das bedeutet!«

Aus Bescheidenheit trägt Koblavi nicht den geschichtsträchtigen und angesehenen Namen, den er von seinen Großeltern hat, die aus Ghana stammten und die Ende der 1940er-Jahre die Fischerei in Pointe-Noire beherrschten. Offensichtlich ist dieses Kino, dessen Verschwinden er unablässig bedauert, der größte Stolz dieses Abkömmlings des Koblavi-Clans. Fast entschuldigt er sich dafür, dass er sich auf einen Handel mit diesen Gottesdienern eingelassen hat, die ihrer Herde Eintrittskarten ins Paradies verkaufen und keine Ahnung haben, dass viele Jugendliche von Pointe-Noire nicht erleben werden, welche Stimmung herrscht, wenn es im Kinosaal dunkel wird, die Werbefilme und dann der Vorspann laufen, gefolgt vom Applaus der Zuschauer. Da ich die Kette mit dem Kreuz sehe, die er um den Hals trägt, verkneife ich mir, die Religion zu kritisieren. Er berührt sie und kommt mir zuvor:

»Pass auf, ich gehöre nicht zur Gemeinschaft der Pfingstler, ich bin katholisch geblieben, ohne Wenn und Aber ...«

Schließlich erzählt er mir von meiner Mutter, die er gekannt hat, und von Onkel Albert, der mit seinem Vater befreundet war. Als wären es seine letzten Worte, murmelt er fast nicht vernehmbar:

»Stimmt schon, ich stamme ursprünglich aus Ghana, meine Eltern waren Ghanaer, aber ich habe mich immer als Teil von Pointe-Noire gefühlt. Hörst du meinen Akzent? Es gibt niemanden in Pointe-Noire, der mehr mit dieser Stadt verbunden ist! Die Leute hier haben mich niemals ausgeschlossen. Hier lebe ich, und hier werde ich begraben sein ...«

*

Gilbert und meine Freundin sind zurück. Über eine halbe Stunde lang haben sie Fotos vom alten Rex gemacht, und jetzt zeigen sie die Aufnahmen Koblavi, auf dessen wehmütigem Gesicht ein Lächeln erstrahlt. Er erlaubt ihnen, ihn zu fotografieren, und grinst dabei, so breit er kann:

»Auf einem Foto darf man nie traurig aussehen, denn man weiß nicht, wer es sich in zehn, zwanzig, dreißig, vierzig oder fünfzig Jahren ansieht!«

Er begleitet uns bis zum Ausgang der Parzelle und sieht uns hinterher, als wir uns entfernen.

Wir gehen wieder am Kinosaal vorbei, wo die beiden Glaubensbrüder noch immer Wache stehen wie Zerberusse. Dieses Mal wagen sie es nicht, uns anzustarren. Wir bemerken sogar einen Schatten hinter ihnen: Es ist der Pastor, der uns beobachtet, während wir die Avenue de l'Indépendance überqueren …

WILDE NÄCHTE

Die meisten Viertel von Pointe-Noire tragen noch ihre alten Namen, die von den Aktivitäten ihrer Bewohner oder von ihrer ethnischen oder geografischen Herkunft herrühren. Die »Popo-Dörfer« entlang der Côte Sauvage zum Beispiel wurden von Fischern aus Ghana, Togo oder Benin errichtet, die von der Ethnie der Popo stammten und wie die Familie Koblavi ab den späten 1940er-Jahren in der Stadt gestrandet waren. Mit ihrer Technik und ihrem Material – der berühmten Popo-Piroge von fünfzehn Metern Länge – besaßen sie das Monopol für den professionellen Fischfang im Atlantik, und die Einheimischen von der Ethnie der Vili, einem Küstenvolk, konnten nicht mit ihnen konkurrieren, hatten mit ihren kaum fünf oder sechs Meter langen Booten das Nachsehen. Das »Grand-Marché-Viertel« wurde von Senegalesen, Maliern oder Mauretaniern besiedelt, die große Händler waren, und diese Westafrikaner errichteten die einzige Moschee in der überwiegend christlichen, wenn nicht sogar animistischen Stadt. Sie betrieben Boutiquen mit importierten Kleiderstoffen, Lebensmittelläden und Geschäfte für Elektrogeräte, und wenn sie in den Ruhestand gingen, gaben sie die Geschäfte an ihre Landsleute weiter, sodass die Pontenegriner dachten, sie würden nie sterben, zumal einige dieselben Namen hatten, ohne jedoch zur selben Familie zu gehören.

Lag es am Herdentrieb, dass sich die Zugewanderten aus den westlichen Regierungsbezirken unseres Landes – Niari und Lékoumou – in den Stadtvierteln »Cocotier-du-Niari« und »Pont-de-la-Lékoumou« ansiedelten, während sich die Zuwanderer aus dem Süden des Landes – besonders aus dem Regierungsbezirk Bouenza, und dort aus dem Distrikt Mouyondzi – in den Vierteln »Pont-de-la-Bouenza« und »Mouyondzi« niederließen? Die Wirtschaftsmetropole bildete also keine Ausnahme im Gesamtbild des Landes, wo die Ethnie mehr bedeutete als die Nation. Wie hätte es auch anders sein können, wenn sogar an der Staatsspitze die Macht nach diesem Schema verteilt war? Die Leute aus dem Süden fühlten sich seit Jahrzehnten benachteiligt, weil ihnen die Leute aus dem Norden durch ihre ungeteilte Herrschaft den Zugang zur politischen Macht versperrt hatten. Sicher, hin und wieder mischten Letztere die Karten neu und ernannten einen aus dem Süden des Landes zum Minister für fossile Rohstoffe. Doch die Bevölkerung ließ sich nicht an der Nase herumführen: Dieser Minister war nur ein Handlanger und hatte keine andere Berechtigung als seine Zugehörigkeit zum Süden, wo sich das Öl befand. Das genügte jedoch nicht, um den Leuten aus dem Süden ihren Unmut zu nehmen. Man gab ihnen das Gefühl, sie hätten Verfügungsgewalt über Kongos größten Schatz, dabei hatte dieser Minister bekanntlich keinerlei Kontrolle über die Verträge, die alle von Leuten aus dem Norden unterzeichnet wurden.

Und dann gibt es jenen sehr volkstümlichen Stadtteil, den die Leute aus Pointe-Noire das »Trois-Cents-Viertel« nennen, ein Name, der auf keinem der verschiedenen Straßenschilder steht. Ist es Scham oder will man lieber die wahre Geschichte ausradieren, die sich dahinter verbirgt? Wenn man sagt, dass man im Trois-Cents-Viertel wohnt, ist ein Gesprächspartner erst einmal baff. Als lebte man in einer anderen Stadt, wenn nicht gar auf dem *Floß der Medusa*. Um den Namen des Viertels nicht auszusprechen, nennen es einige »Rex«, ein Name, der dank des guten Rufs, den das ehemalige Kino der Familie Koblavi genoss, im kollektiven Gedächtnis fester verankert ist, der aber nichts vom kleinen Königreich des horizontalen Gewerbes verrät, beherrscht von Damen aus dem ehemaligen Zaire, die in den 1970er-Jahren hierherkamen. Diese Freudenmädchen wurden von der Kaufkraft des CFA-Franc angezogen, der höher im Kurs stand als ihre damalige Währung, jener »Zaïre«, der aufgrund einer fixen Idee von Mobutu Sese Seko im Rahmen der »Authentizitäts-Politik« eingeführt worden war. Mobutu verbot seinem Volk, westliche Namen, Krawatten und Anzüge zu tragen, und führte stattdessen den Abacost ein. Es waren übrigens nicht nur diese Mädchen, die den Fluss Kongo überquert und dann in Brazzaville die Eisenbahn genommen hatten, um Pointe-Noire zu erobern, wo das Hafengewerbe stetige Einkünfte garantierte. Ebenso kamen Maurer, Schreiner und Schubkarrenschieber »von gegenüber«. Da wir dieselbe Sprache sprechen und dieselbe Kultur haben, fühlten sich diese Migranten nicht fremd, sie verschmolzen mit der Menge, und man hätte sie nicht bemerkt, wenn sie nicht die Arbeiten übernommen hätten, die die Kongolesen verschmähten unter dem Vorwand, sie seien

»Intellektuelle«. Für die Zairer, die bei uns strandeten, galt uneingeschränkt »Artikel 15«: »Seht zu, wie ihr überlebt«, erfunden von einer ihrem Schicksal überlassenen Bevölkerung – ein Zusatz zu den vierzehn Verfassungsartikeln Zaires, die der Kleptokrat Mobutu so gestrickt hatte, dass er sich bis an sein Lebensende an der Macht halten konnte.

Das Trois-Cents-Viertel, das hinter dem Rex-Kino lag, war der Ort, an dem die Mädchen ihre Reize verkauften. Und das ist heute noch so. Bretter- oder Wellblechhütten stehen manchmal neben unfertigen Häusern, die trotzdem bewohnt sind. Der Spaziergänger, der sich in den gewundenen Straßen dieses Sektors verirrt, marschiert über Präservative, die auf dem Boden herumliegen. Als ob die Mädchen bei Anbruch der Nacht, wenn die Katzen wirklich grau sind, aus ihren schlecht beleuchteten Alkoven kämen, um »im Freien« zu arbeiten.

Der Name des Viertels stammt, wie es heißt, vom Krieg, den sich die Prostituierten aus Zaire mit denen aus unserer Stadt lieferten, die seit Ewigkeiten den festen Preis von fünfhundert CFA-Francs für eine Nummer verlangten. Die Mädchen aus Zaire änderten das, indem sie den Preis auf dreihundert CFA-Francs herabsetzten. In der Stadt erzählte man sich immer häufiger, dass die Mädchen aus Zaire »kompetenter« seien und sich darauf verstünden, ihre Kundschaft zu binden, sodass viele Familienväter einen Gutteil ihres Lohns oder gleich alles bei den Mädchen ließen. Die Zahl der Ehefrauen, die ihre Männer im Trois-Cents-Viertel suchten, stieg beständig an. Doch wie sollte man im Gewirr der Straßen, Passagen, Sackgassen und

Gänge, die von einer Parzelle zur anderen, von einem Haus zum anderen führten, einen Mann finden, der gerade im Bett einer dieser Amazonen aus dem anderen Kongo lag?

Die Kämpfe zwischen den Sexarbeiterinnen setzten sich manchmal bis auf die Avenue de l'Indépendance fort, wo beide Lager mit Hämmern bewaffnet aufeinander losgingen, wenn sie ihren Gegnerinnen nicht gar Natronlauge ins Gesicht schütteten, das letzte Mittel, um sie in den Ruhestand zu schicken. Dennoch begegneten wir immer wieder Prostituierten mit verbranntem Gesicht, die dessen ungeachtet in den dunkelsten Winkeln weiterarbeiteten, wo die Freier ihre Gesichter nicht so deutlich sehen konnten.

Die Ordnungshüter der Stadt machten sich immer mehr Sorgen über die Situation. Vor allem wegen gewisser Praktiken, die man den Frauen aus Zaire anlastete, besonders den Gebrauch von Gris-gris-Zauber oder schleichendem Gift, um ihre Kolleginnen auszuschalten. Wenn Hexerei und Gift nicht wirkten, zögerten sie im Übrigen nicht, auf Straßenräuber – meist Landsleute – zurückzugreifen, die in Naturalien bezahlt wurden, um zur Ermordung der Damen aus Pointe-Noire zu schreiten, deren Leichen man anschließend am Tchinouka-Fluss oder an der Côte Sauvage ablegte. Angesichts der Machtlosigkeit der Ordnungskräfte und der ständig herrschenden Angst verließen die Pontenegrinerinnen irgendwann den Bezirk und zogen sich in die Innenstadt zurück. Dort gingen die Umsätze zurück, denn die Innenstadt, die man gewöhnlich während der Arbeitszeiten aufsuchte, leerte sich, sobald es Nacht wurde. So blieb ihnen nichts anderes übrig, als sich dem Preisdiktat der Freudenmädchen aus Zaire zu unterwerfen oder den Laden dichtzumachen. Der Einheitspreis von dreihundert CFA-Francs wurde schließlich von allen akzeptiert und die beiden Lager begruben das Kriegsbeil. Die Damen unterschieden sich jetzt nur noch in der Art, wie sie ihr Metier ausübten – umso schlimmer für diejenigen Mädchen, die nie auf den Text von Brassens Lied *Le Mauvais Sujet repenti* (»Der reumütige Schurke«) geachtet hatten:

> *Denn aufm Strich besteht die Kunst darin,*
> *ich geb' es zu,*
> *zu wissen, wie man richtig wackelt*
> *mit dem Popo ...*
> *Und man schwingt auf verschied'ne Weise*
> *die Hinterbacken*
> *für einen Händler, einen Küster,*
> *einen Beamten ...*

*

Wenn man ganz allein durch das Trois-Cents-Viertel wandert, erregt man das Interesse dieser Frauen, die einen von ihren Bruchbuden aus beobachten. Sie erraten allein an den Bewegungen des »Spaziergängers«, welche Absichten ihn in ihr Revier führen. Es gibt Männer, die zögern und so tun, als hätten sie sich verlaufen, sie kehren um und gehen dasselbe Szenario eine Viertelstunde später noch einmal ab. Die Mutigsten marschieren wacker drauflos, verschleiern ihr Anliegen durch fröhliches Pfeifen, drehen sich vor allem nicht um und verschwinden wieselflink in einer der Parzellen, aus der sie erst eine halbe Stunde später zurückkommen.

Als ich mich dorthin wage, habe ich keine Ahnung, in welche Kategorie die Damen mich einsortieren, die nach mir Ausschau halten. Jedenfalls spüre ich jemanden hinter mir, als ich die Avenue de l'Indépendance verlasse und in die erste Gasse einbiege, die mitten ins Viertel führt. Mein Weg führt an Koblavis Parzelle vorbei, doch schließlich drehe ich mich um: Eine Frau mit endlos langen Beinen und knallrot geschminkten Lippen tritt zu mir und herrscht mich an:

»Was wollen Sie hier? Sind Sie Journalist?«

Ich lege einen Zahn zu und versuche, mich in die Rue de Loukenéné zu retten, die rechts abgeht. Doch die Frau weiß, wohin die Straßen ihres Viertels münden, sie kürzt über die Rue Moe-N'Dendé ab und steht dann wieder vor mir, dieses Mal wild entschlossen, mit einem Zeitungsfetzen in der Hand.

»Ich möchte, dass Sie das hier lesen, es ist meine Geschichte, ich habe sie bereits einem anderen Journalisten erzählt, Sie sind doch auch …«

Ihre hervortretenden Augen verleihen ihr den Ausdruck einer Frau, die seit langer Zeit nicht gesprochen hat, auf der das Dasein seit Jahren schwer lastet. Sie weist auf eine nahe Parzelle. Ohne zu zögern, gehe ich mit ihr hinein und treffe im Hof auf andere Frauen, die mich ausführlich mustern.

»Ich habe sie aus meinem Heimatdorf hergebracht, damit sie hier arbeiten …«

Dann wendet sie sich diesen stummen Schatten zu und ruft:

»Keine Angst, Mädchen, der Herr hier ist Journalist und arbeitet mit den Weißen! Gestern habe ich ihn beim Rex-Kino gesehen und mir gesagt, dass ich ihn nicht von hier fortgehen lasse, bevor er sich nicht meine Geschichte angehört hat. So wird die ganze Welt schließlich von unserem grausamen Los erfahren! Wir fordern für diesen Stadtteil nur eines: Kein Sex ohne Kondom!«

Die anderen Damen antworten im Chor:

»Kein Sex ohne Kondom!!!«

Und auch in den angrenzenden Parzellen erheben sich Stimmen, als hätten sie alle auf eine Losung gewartet:

»Kein Sex ohne Kondom! Kein Sex ohne Kondom! Kein Sex ohne Kondom!«

Ich nehme den Zeitungsausschnitt, den mir die Frau hinhält. Es handelt sich um eine Meldung der Agentur Syfia vom 19. September 2009. Sie trägt den Titel: *Kongo-Brazzaville: Prostituierten liegt mehr am Leben als am Geld*. In den Augen der Frau scheint dieses Dokument wichtiger zu sein als ihre Geburtsurkunde.

»Lesen Sie, Monsieur, es ist meine Geschichte, und es ist auch die Geschichte der Frauen, die Sie hier sehen!«

Ich entfalte den Zettel und beginne laut zu lesen, während die Frau bei jedem Wort zustimmend nickt:

»Keine Liebesdienste mehr ohne Präservative. Die Sexarbeiterinnen von Pointe-Noire, Kongo, wissen um die Risiken ihres Geschäfts, insbesondere um das Risiko, an Aids zu erkranken. Die notwendige Aufklärung leistet ein Verein, den einige von ihnen gegründet haben.

Heute sind sie unnachgiebig gegenüber ihren Kunden,
gleichgültig was diese bereit sind zu zahlen. Die Initiative
geht auf eine Frau zurück, die auf ihrer Anonymität be-
steht. Sie lebt derzeit in Pointe-Noire im Rex-Viertel. Sex-
arbeiterin seit 1990, empfängt sie Kunden bei sich oder
mietet ein Zimmer. Ihre Kinder leben anderswo, denn
›man muss ihnen dieses üble Schauspiel ersparen‹, wie sie
sagt. Bei einem Preis von 500 Fcfa (0,76 Euro) pro Kun-
de verdient sie mehr als 80 000 Fcfa (122 Euro) im Mo-
nat. Das versetzt sie in die Lage, ihre Familie zu ernäh-
ren. Sie spricht ohne Scham von ihrem Beruf: ›Einige
meiner Verwandten wissen davon. Leben heißt, eine
Wahl zu treffen. Es genügt, bei der Arbeit Gefahren zu
vermeiden.‹«

Als ich bemerke, dass der Preis für den Beischlaf jetzt
fünfhundert CFA-Francs beträgt und das Viertel trotz der
Preissteigerung seinen Namen beibehalten hat, erklärt mir
die Prostituierte:

»Die anonyme Frau in diesem Artikel bin ich. Ich werde auch Ihnen meinen Namen nicht nennen, wir kennen
euch Journalisten! Ihr kommt hierher, um mit uns zu sprechen, und wenn ihr dann in Europa seid, schreibt ihr das
genaue Gegenteil von dem, was wir gesagt haben, und
dem, was ihr gesehen habt! Wenn Sie mir in Ihrem Artikel
einen Namen geben wollen, nennen Sie mich einfach Madame Claude …«

»Madame, ich bin nicht Journalist …«

»Doch, Sie sind Journalist! Warum verleugnen Sie Ihren
Beruf? Ist es schändlicher, Journalist zu sein als eine Hure
wie ich?«

»Eigentlich bin ich hier, um die Spuren meiner Kindheit ...«

»Erzähl keinen Blödsinn! Hier läuft so mancher herum und tut so, als hätte er sich in der Straße geirrt und suche jemanden, der ihm den Weg zeigt! So ein Quatsch! Sie wollen eine Nummer schieben, aber Ihr Gewissen meldet sich noch. Ich weiß, dass Sie Journalist sind, ich habe Sie gestern mit eigenen Augen zusammen mit einem Typen und einer weißen Frau vor dem Rex-Kino gesehen, anschließend seid ihr zum alten Koblavi gegangen und habt euch bei ihm unterhalten, stimmt's?«

»Ja, aber ich ...«

»Fallen Sie mir bitte nicht ins Wort! Hat der alte Koblavi schlecht über unsereins aus dem Trois-Cents-Viertel gesprochen?«

»Nein, gar nicht ...«

Ein wenig erleichtert reicht sie mir einen Hocker, sie selbst setzt sich auf den blanken Boden. Mit einer Kopfbewegung bedeutet sie den anderen Frauen, uns allein zu lassen. Eine nach der anderen verlassen sie wortlos den Hof.

»Ich kann Ihnen nichts anbieten, Herr Journalist ... Drücken Sie den Aufnahmeknopf Ihres Handys, ich erzähle Ihnen meine Geschichte, und bitte, unterbrechen Sie mich nicht ...«

Ich hole mein Telefon aus der Tasche. Sie räuspert sich, wischt sich mit dem Handrücken den Schweiß ab, der ihr auf der Stirn perlt, und verschränkt die Arme:

»Ich bin kein junges Ding, Herr Journalist, ich bin eine Frau, die viel erlebt hat, und ich kann Ihnen verraten, dass der Körper, den Sie sehen, mit schmutzigen Karrenschiebern ebenso verkehrt hat wie mit hochrangigen Persönlichkeiten drüben in meinem Land wie hier in deinem Land. Wenn ich meinen Job nicht mehr ausüben kann, packe ich meinen Koffer, kehre zurück in meine Heimat, in den hintersten Winkel meines Dorfs Bandundu, und lebe von der Feldarbeit. Vor anderen Journalisten habe ich behauptet, ich hätte Kinder, was nicht stimmt, ich habe viel erfunden, um die Leute aufzurütteln ...«

Sie legt eine Pause ein, blickt zum Eingang der Parzelle und fährt fort:

»Ich bin kinderlos geblieben, meine sieben Brüder sind alle aus Kinshasa fortgegangen. Drei leben in Brüssel im Stadtteil Matongé und sind mit Weißen verheiratet; zwei schlagen sich in Angola mit dem Handel von Lebensmitteln durch, und die beiden Letzten ziehen als illegale Straßenmusiker durch die Pariser Metro, soweit ich es aus dem Mund von Urlaubern weiß. Zwischen uns gibt es so etwas wie eine Mauer, in ihren Augen bin ich eine Schande für die Familie. Ich habe seither keine Nachricht mehr von ihnen, vielleicht nehmen sie es mir übel, dass ich in die Fußstapfen meiner Mutter getreten bin. War es ihre Schuld? Ich maße mir kein Urteil über sie an, nur Gott kann über unsere Taten urteilen. Hat man jemals Interesse gehabt zu erfahren, was hinter einer Frau steckt, die ihre Reize zu Markte trägt, hm? Bilden Sie sich etwa ein, man würde sich diese Tätigkeit aussuchen, wie man Friseur, Zimmermann oder Journalist wird wie Sie? Ich bin zur Schule gegangen, ich habe sogar mein Abitur, doch wozu hat mir das genutzt? Niemand kommt als Nutte auf die Welt, man wird es. Irgendwann schaut man in den Spiegel, man hat keine Perspektive, man steht vor einer Mauer. Und dann macht man den Schritt und bietet einem Passanten seinen Körper an, mit einem aufgesetzten Lächeln, denn Anmache gehört dazu wie bei jedem Geschäft. Hat man seinen Körper am Abend entwürdigt, wäscht man sich eben am nächsten Morgen, damit er wieder rein ist, denkt man. Und man wäscht sich ein Mal, zwei Mal, aber mit der Gewöhnung schwinden diese Skrupel, und irgendwann wäscht man sich gar nicht mehr, man akzeptiert, was man tut, weil alle Gewässer der Erde niemals irgendjemandem seine Reinheit zurückgeben können, nicht einmal der Ganges. Sonst lebten an all den Flüssen, Meeren, Ozeanen auf der Erde hier unten lauter reine und unschuldige Frauen und Männer. Ich gehe nur den Weg, den Gott mir zum Los bestimmt hat, auch wenn die Leute in mir bloß die Zuhälterin sehen, die die Mädchen herumkommandiert, die sie aus ihrem Land hierher geholt hat. Ich bin die Frau, auf die man den Stein wirft, das steht sogar schwarz auf weiß in der Bibel, glaube ich, aber hat nicht Jesus die Huren beschützt? Ich bin ein Segen für etliche Männer in diesem Viertel, so viel steht fest. Da uns mein Vater verlassen hatte, bereitete meine Mutter, die selbst bis an ihr Lebensende als Prostituierte gearbeitet hat, mich seit meiner Kindheit auf dieses Metier vor. Dank ihrer Arbeit gehörte das Dach über unserem Kopf uns, meinen sieben Brüdern und mir. Wenn die Mädchen in meinem Heimatdorf mit Puppen spielten, erklärte mir meine Mutter, wie man einen Mann ans Haus bindet: Aufs Essen und den Sex kommt es an, sagte sie, alles andere sind Hirngespinste, Schönheit und Diplom eingeschlossen. Eine schöne Frau mit einem

Diplom, die schlecht kocht und im Bett gähnt, wird von einer hässlichen Analphabetin ausgestochen, die Saka-Saka kochen kann und ihren Liebhaber in den siebten Himmel schickt. Ich möchte, dass Sie das in dem Artikel hervorheben, den Sie über uns schreiben. Was ich Ihnen gesagt habe, habe ich noch keinem Journalisten erzählt, doch irgendetwas an Ihnen sagt mir, dass Sie uns nicht in die Pfanne hauen werden, sonst hätte der alte Koblavi Sie nicht auf seinem Grundstück empfangen, ich kenne ihn. Doch vergessen Sie nicht, mich Madame Claude zu nennen … Sie können Ihr Handy jetzt ausmachen, ich habe gesagt, was ich sagen wollte!«

Ich stecke mein Telefon weg. Die Frauen, die den Hof verlassen hatten, kehren nach und nach zurück, als ob sie hinter dem Wellblech, das die Parzelle einzäunt, mitgehört hätten.

Ich stehe auf und reiche Madame Claude die Hand. Sie hält sie fest:

»Der alte Koblavi ist ein guter Mensch, für ihn waren wir nie Huren, er respektiert uns. Erzählen Sie nicht herum, ich hätte irgendetwas über ihn ausgeplaudert, haben Sie verstanden?«

»Ja, ich habe verstanden …«

Ich schaue auf meine Armbanduhr, bald ist Mittag.

Als ich das Grundstück von Madame Claude verlasse, bemerke ich auf der gegenüberliegenden Straßenseite eine Gruppe von Frauen, die mich heimlich beobachten und sich fragen, warum ich nicht zu ihnen komme.

Ich eile zur Avenue de l'Indépendance, um ein Taxi zu rufen.

KRIEG UND FRIEDEN

Das Taxi setzt mich vor dem Restaurant Chez Gaspard ab. Fast wäre ich rückwärts wieder hinausgegangen: Die sehr beliebte Gaststätte im Grand-Marché-Viertel ist gerammelt voll und laut. Einige Gäste warten seit einer Weile am Eingang. Zu meiner großen Überraschung gibt mir ein Kerl – er sitzt ganz allein am Tisch und ist gertenschlank – mit dem Kopf ein Zeichen, ich solle mich zu ihm setzen. Als er sieht, dass ich unentschlossen stehen bleibe, sagt er mit lauter Stimme:

»Kommen Sie doch! Ich lade Sie ein!«

Ich gehe zu dem Unbekannten und nehme ihm gegenüber Platz.

»Ich weiß, Sie denken, wir würden uns nicht kennen. Aber ich kenne Sie! Sie sind Schriftsteller, ich habe Sie manchmal im Fernsehen gesehen! All die Leute hier, die hier speisen, haben von nichts eine Ahnung und wissen nicht, wer Sie sind! Ich dagegen bin jemand, der die Nachrichten verfolgt!«

»Sie erwarten vielleicht jemanden, der …«

»Hier ist mein Stammplatz, ich lade nur handverlesene Gäste ein. Vorgestern habe ich mit einer weißen Journalistin gespeist, gestern mit einem Oberst unserer Armee, und heute Abend habe ich einen Schriftsteller zu Gast! Ein Rat: Nehmen Sie heute nicht das Wildschwein, man hat mir gesagt, es sei nicht frisch …«

Er winkt die Bedienung herbei. Sie bringt uns zwei Bier der Brauerei Primus und öffnet sie mit undurchdringlichem Blick, als würde die Anwesenheit des Unbekannten sie stören. Sie kehrt an den Tresen zurück, während mein Gastgeber genüsslich ihren Hintern mustert:

»Dieses Mädchen ist mein Fall, und der ist abgeschlossen. Sie kann noch so ein mürrisches Gesicht ziehen, ich hatte meinen Spaß … Haben Sie gesehen, was für einen runden Hintern sie hat?«

Ich drehe mich nach ihr um und nicke zustimmend.

»Dieses Land hat sich verändert, mein lieber Schriftsteller …«

Da ich den Blick nicht von der Narbe nehme, die sein Gesicht in zwei Hälften teilt, fährt der Unbekannte mit der Hand darüber:

»Ja, ich weiß, die habe ich vom Krieg, ich meine, vom Öl …«

Er schaut sich nach den Gästen um, die hinter uns sitzen, dann prüft er die vor uns, um sicherzustellen, dass uns niemand zuhört.

»Gott hat uns das Öl gegeben, obwohl wir nur ein kleines Land mit knapp drei Millionen Einwohnern sind«, fährt er fort. »Warum hat er alles Öl dem Süden überlassen, statt auch dem Norden ein wenig davon abzugeben, damit jeder ein Stück vom Kuchen hat und man aufhören kann, gegeneinander zu kämpfen? Nun ja, ich will mich nicht beklagen, wenn ich daran denke, dass manche Länder bis zum Hals in Schwierigkeiten stecken, die nicht mal ein Tröpfchen Öl im Boden oder im Meer haben!«

Er hebt sein Glas, trinkt es in einem Zug aus und gießt sich nach:

»Öl ist Macht! Wenn es Krieg gibt, geht es um Öl. Warum, frage ich Sie, streiten sich die Länder nie um Wasser? Stellen Sie sich ein Land vor, das kein Wasser hätte, würde seine Bevölkerung überleben? Das Öl ist schuld am Schlamassel zwischen den Leuten aus dem Norden und denen aus dem Süden. Und wir haben wie Idioten einen Bürgerkrieg darum geführt!«

Die Kellnerin kehrt zurück, um unsere Bestellung aufzunehmen. Ich meide das Wildschwein und wähle in Erdnussbutter gebratene Antilope. Der Unbekannte zögert einen Moment, dann wählt er gepökelten Fisch mit Pilzen und schaut einmal mehr dem Po des Mädchens hinterher, als es davongeht:

»Haben Sie das gesehen? Wenn ich daran denke, dass ich sie bestiegen habe, und jetzt macht sie Zicken! Wie dem auch sei, es hat sich nicht gelohnt, das Mädchen ist im Bett nicht richtig bei der Sache und lässt einen die ganze Arbeit allein machen … Wo war ich stehen geblieben?«

»Beim Bürgerkrieg, wegen des Öls …«

»Ah ja, in diesem Krieg ging es um die Kontrolle des Öls, den heimlichen Verkauf, um Villen in Europa zu erwerben! Bei uns gehört das Öl nicht dem Volk, es gehört dem Präsidenten der Republik und seiner Familie. Ich nenne keine Namen, denn die Wände hier haben Ohren wie Hasen … Das Problem ist, dass der derzeitige Präsident mit den Franzosen zusammenarbeitet. Der gestürzte Präsident dagegen wollte nicht mehr mit den Franzosen, sondern mit den Amerikanern zusammenarbeiten. Also haben die Franzosen ihrem Freund geholfen, an der Macht zu bleiben, während die Amerikaner den neuen, demokratisch gewählten Präsidenten nicht beschützt haben. Die Amerikaner sind nämlich keine Dummköpfe, sie wissen, dass sie ihren Krieg anderswo führen können – im Irak zum Beispiel – und dass dort viel mehr Öl für sie herausspringt als bei uns. Warum sollten sie Krieg führen wegen eines kleines Landes, das weniger Öl hat als der Irak, frage ich Sie?«

Zwei Frauen in Superminiröcken betreten das Restaurant. High Heels. Dick aufgetragene Schminke. Sie stöckeln durch den Speisesaal wie auf dem Laufsteg und bleiben am Tresen stehen.

Plötzlich duzt mich der Unbekannte:

»Hast du das gesehen? Sie sind auf der Jagd! Das sind Nutten aus dem Trois-Cents-Viertel, doch sie stammen aus Pointe-Noire, nicht aus Zaire, die kommen nur selten in dieses Restaurant! Der Krieg hat alles niedergemäht, jetzt muss man sehen, wo man bleibt! Wo waren wir gerade stehen geblieben?«

»Beim Krieg, den Franzosen, den Amerikanern und …«

»Ja, es gab einen Bürgerkrieg, das weißt du sicher, es stand in allen Zeitungen auf der ganzen Welt. Der Norden des Kongo kämpfte gegen den Süden. Die Leute aus dem Norden waren an der Macht, und sie wollten das Öl nicht aus der Hand geben. Es war ein schlimmer Krieg, das sage ich dir. Die Waffen kamen von überall her. Der Norden holte sich Unterstützung von den Angolanern und den Franzosen, die in den Süden einfielen. Die Leute im Süden flohen in den Busch und versteckten sich dort. Viele star-

ben vor Hunger, an den Stechfliegen und anderen Tropen-
krankheiten. Manche wurden sogar von Krokodilen und
Löwen aufgefressen. Himmel und Erde waren im Krieg,
das schwöre ich dir!«

Er merkt, dass einige Gäste sich nach uns umdrehen.
Er rückt seinen Stuhl näher zu mir und flüstert:

»Militärflugzeuge fegten im Tiefflug über die Wälder.
Die Leute aus dem Süden, die in den Busch geflüchtet waren, wurden jetzt ›Flüchtlinge‹ genannt. Die internationale
Gemeinschaft sagte, man müsse ihnen helfen, sie mit Lebensmitteln versorgen, obwohl man im Busch alles Mögliche essen kann, so wie es die Pygmäen tun. Aber mit Pygmäen braucht man mir nicht zu kommen, ich mag sie
nicht, sie sind zu klein, und ihnen knurrt nicht täglich der
Magen wie uns großen Menschen, ich meine, uns norma-
len Menschen. Pygmäen sind kleine Mistkerle, die wochenlang ohne Essen und Trinken auskommen, während
Menschen von unserer Größe täglich etwas essen müssen.
Ist das nicht ungerecht? Wer sind diese Pygmäen, dass sie
einfach so auf eine Mahlzeit pfeifen können, hm? Was machen die überhaupt den ganzen Tag im Busch? Sie wissen
nicht mal, dass es Fernsehen gibt, dass Gott und die Welt
heute ein Handy haben und dass man für längere Reisen
den Zug oder das Flugzeug nimmt! Kurz, ich mag sie
nicht, aber man arrangiert sich eben …«

Der Blick des Unbekannten wird wässrig, als würde er
gleich losheulen. Er betrachtet einen Augenblick die Bierflasche und fährt fort:

»Du weißt nicht, Herr Schriftsteller, was für ein Scheiß
in diesem Land passiert ist. Es war schrecklich! Die Zei-

tungen haben nicht die Wahrheit gesagt, denn wer hat darüber geschrieben, hm? Spione, also die Franzosen! Seit wann sagen Franzosen die Wahrheit? Die lügen doch ständig! Ich habe den Krieg mit eigenen Augen erlebt, ich war dabei, ich gehörte zu einer Gruppe von Flüchtlingen. Manchmal haben Frauen im Busch Kinder geboren, denn, unter uns gesagt, Kinder kommen auch zur Welt, wenn es in einem Land Öl und Krieg gibt. Das Schlimmste ist, dass man weiter herumgevögelt hat, während im Krieg die Leute massenhaft umgekommen sind. Du fragst mich sicher: Warum habt ihr mit dem Vögeln nicht bis zum Kriegsende gewartet? Aber nein, man konnte nicht warten, sonst hätte man vergessen, wie es geht, und am Ende dieses Scheißkrieges hätte man mit Tieren gevögelt! Das ist nichts Neues: In der Weltgeschichte haben die Leute sogar gevögelt, als die Cholera umging ...«

Gerade in dem Augenblick, als ich meinen Magen knurren höre, stellt die Kellnerin unsere Teller auf den Tisch. Ich höre meinem Unbekannten kaum noch zu und verschlinge, den Kopf wenige Zentimeter über den Teller gebeugt, die gut gewürzte Mahlzeit.

Er schielt nach den beiden Prostituierten, die wieder an uns vorbeigehen:

»Die sind neu, dafür habe ich einen Riecher! Die Hellere ist nicht schlecht, stimmt's? Schau nur, wie sie geht, man könnte fast sagen: ein Goldfisch!«

Da ich nicht widerspreche, fällt er plötzlich in einen aufgesetzten, fast prahlerischen Tonfall:

»Ich war auch ein Flüchtling. Und zusammen mit den anderen habe ich im Busch viel durchgemacht. Eines Tages hörten wir drei Hubschrauber näher kommen. Wie ein Lauffeuer verbreitete sich das Gerücht, sie gehörten zur internationalen Gemeinschaft. Tatsächlich waren es Hubschrauber des französischen Konzerns, der unsere Öl-reserven ausbeutete. Wir dachten, dass sie nun endlich kämen, um uns aus unserer Lage zu befreien. Also verließen wir unser Versteck wie Mäuse, die begreifen, dass die Katze, die sie in Angst und Schrecken versetzt hat, weder Krallen noch Zähne besitzt. Wir begannen vor Freude zu jubeln. Wir tanzten und applaudierten. Wir fielen uns in die Arme. Wir riefen: »Hoch lebe Frankreich! Hoch lebe Frankreich! Hoch lebe Frankreich!« Im Freudentaumel riefen einige Dummköpfe: »Hoch lebe Amerika! Hoch lebe Amerika! Hoch lebe Amerika!« Vielleicht, weil die Befreier immer Amerikaner sind. Haben die Amerikaner im Zweiten Weltkrieg nicht sogar die Franzosen befreit? Ob Franzosen oder Amerikaner war uns aber egal, wir waren glücklich, dass jemand kam, um uns zu befreien. Wir dachten: Endlich werden wir uns in richtigen Betten lieben können, die Kinder werden auf der Entbindungsstation geboren und nicht am Flussufer wie bisher! Endlich ist Schluss mit dem Krieg! Es lebe der Friede! Und die Hubschrauber kamen auf uns zu …«

Mit den Armen ahmt er einen Hubschrauber nach, sodass uns der Wirt hinter dem Tresen mit großen Augen ansieht. Der Unbekannte merkt es und spricht leiser:

»Dann, das schwöre ich dir, Herr Schriftsteller, waren die Hubschrauber da, sie schwebten reglos einige Meter über unseren Köpfen. Wir dachten: Jetzt werfen sie Reissäcke für uns ab, Milch, Zucker, Brot und Fleisch, wie es häufig geschieht. Alle drängelten, um unter den Ersten zu sein, die sich auf die Lebensmittel stürzen würden. Es wurde gestritten, man stieß sich mit den Ellbogen. Die Ältesten sagten, man müsse Kinder und Frauen vorlassen. Und weißt du, was passiert ist? Wir sahen, wie die Türen der Hubschrauber aufgingen, und wer saß drin? Angolaner. Keine Franzosen! Keine Amerikaner! Angolaner! Sie richteten ihre Waffen auf uns und eröffneten einfach das Feuer! Selbst die Vögel flogen auf, denn auch sie verstanden nicht, was passierte! Ein ununterbrochenes Knattern von Gewehrsalven. Die Leute gingen zu Boden, standen wieder auf, rannten, sprangen in den Fluss, wälzten sich im Schlick. Die Soldaten warfen Tränengasgranaten und mähten uns dann nieder. Und die ältesten Flüchtlinge brüllten: »Versteckt euch! Das ist eine Falle!«

Die Gäste hinter uns haben ihn »Versteckt euch! Das ist eine Falle!« rufen hören, doch davon lässt sich der Unbekannte nicht bremsen, den die eigene Geschichte zusehends mitreißt:

»Ja, ich hatte Glück. Ich rannte wie der Teufel. Ich schaute mich nicht um. Ich flüchtete mich in eine Höhle, und dort hauste ich tagelang wie in der Steinzeit. Der Präsident aus dem Norden hatte dank seiner angolanischen Verbündeten das Land unter seine Kontrolle gebracht. Der Krieg war also zu Ende, wir hatten unseren alten Präsidenten wieder, der an die Macht zurückgekehrt war und den vom Volk gewählten Präsidenten abgesetzt hatte. Man sagte uns, wir sollten unsere Höhlen verlassen, denn es gehe jetzt um die nationale Einheit, und der Präsident aus dem Norden sei für das ganze Land da, nicht nur für den Norden. Nach und nach kamen die Leute aus dem Busch und kehrten zurück nach Hause. Als ich heimkam, war mein Bart so lang, dass ich den Boden damit fegen konnte. Ich ging herum wie ein Zombie, der vergessen hat, wo sich sein Grab befindet. Ich hatte meinen Orientierungssinn fast verloren, denn im Wald gibt es keine Straßen und Alleen wie hier. Dort kann man nicht sagen: ›Geh weiter geradeaus und biege an der nächsten Straßenecke ab.‹ Alles, worauf man trifft, sind Bäume, Berge und Flüsse, die wer weiß wohin fließen, und man schläft dort, wo man sich sicher ist, dass es keine Raubtiere oder kannibalischen Pygmäen gibt …«

Unsere Tischnachbarn schockiert das immer mehr. Sie haben alles gehört. Sie stehen auf, wollen gehen. Der Kriegsheld unterbricht sich kurz, als ob er befürchtet, sie könnten an unseren Tisch kommen und ihn zur Rechenschaft ziehen, da sie vielleicht aus dem Norden stammen.

»Lügner! Hast du wieder einen Einfaltspinsel gefunden, der dir zuhört?«, ruft einer dieser Gäste und zeigt mit dem Finger auf den Unbekannten.

Dann wendet er sich an mich und gibt mir einen Rat:

»Monsieur, vergewissern Sie sich, dass dieser Märchenonkel aus dem Süden sein Essen bezahlt, er ist wie der Fuchs aus der Fabel von La Fontaine und lebt auf Kosten seines Zuhörers! Er hat das mit anderen getan, er wird es auch mit Ihnen tun. Er wird Ihnen erzählen, er habe als Flüchtling im Busch gelebt, nur: wer hat ihn dort gesehen? Er ist ein Taugenichts, der die Gutgläubigkeit anderer Leute ausnutzt, die ihn nicht kennen! Den Bürgerkrieg hat dieser Irre höchstens in seinem kranken Kopf erlebt!«

Ich warte auf eine bissige Erwiderung des Unbekannten, doch dem hat es die Sprache verschlagen, er presst das Kinn auf die Brust, während die Gruppe dicht an uns vorbeigeht und das Restaurant verlässt.

Der Unbekannte leert ein volles Glas und fährt fort:

»Hast du gesehen, wie der aus dem Norden mit einem aus dem Süden redet? Er glaubt, ich hätte den Krieg nicht erlebt! Er glaubt, ich sei nicht in der Lage, die Rechnung zu begleichen! Da hört sich doch alles auf! Ich werde zahlen, nur um dir zu zeigen, wie verleumderisch diese Leute aus dem Norden sind und was für Schwierigkeiten sie diesem Land machen! Und sie sind alle so! Nur weil sie an der Macht sind, sollen alle anderen still sein! Nein, ich werde nicht still sein, ich werde weiterhin die Wahrheit sagen, so lange, bis die ganze Welt weiß, was in diesem Land geschieht! Sie haben uns, die Leute vom Volk der Lari, ermordet, sie haben in der gesamten Region von Pool einen Genozid veranstaltet!«

Da er merkt, dass ich bisher kein Wort gesagt habe, fragt er:

»Wozu bist du eigentlich in dieses Land gekommen, das die Leute aus dem Norden ruiniert haben?«

»Ich bin für ein paar literarische Lesungen hier, ich besuche meine Familie und schreibe …«

»Warte, warte, ich hätte es dich gleich zu Beginn fragen sollen, es ist immerhin sehr wichtig: Bist du aus dem Norden oder aus dem Süden?«

»Ist das von Bedeutung?«

»Gut, dann frage ich anders: Hat Präsident Sassou-Nguesso deinen Flug bezahlt und für deine Unterkunft gesorgt?«

»Sie sagten, Sie würden keine Namen nennen!«

»Scheiß drauf! Antworte, Herr Schriftsteller: Hat Sassou dich eingeladen?«

»Nein, Frankreich und …«

»Das ist dasselbe! Du weißt das nicht, aber der Präsident gibt Frankreich Geld, und mit diesem Geld lädt man dich ein! Ich weiß Bescheid! Ich bin mir deshalb sicher, dass du zu Sassous Clan gehörst!«

»Ich ziehe den Hut vor Ihrer Gewissheit, aber diese Vereinfachung ist gefährlich!«

»Welche Vereinfachung? Ich weiß alles! Hast du den Krieg miterlebt so wie ich? Wo warst du, als wir starben wie die Fliegen, hm? Ich war im Busch, und Sassou-Nguesso hat mit seinen Freunden aus Angola und Frankreich auf uns geschossen!«

Ihm wird klar, dass ich aufstehe und gehe, wenn er seinen Tonfall nicht ändert. Er besinnt sich deshalb:

»Ich bitte um Entschuldigung, lieber Schriftsteller, ich rege mich zu schnell auf, aber an all dem ist der Krieg schuld … Was schert es mich eigentlich, ob du aus dem Norden oder Süden bist? Ich wollte dir jedenfalls sagen, dass ich schließlich aus dem Busch gekommen bin, da der Krieg zu Ende war und die Leute aus dem Norden wieder die Macht übernommen hatten. Alles im Land schien ruhig. Man begann wieder zu leben. Ging in Bars oder ans Meer, überallhin. Allmählich vergaßen wir, was uns passiert war. Fünf Jahre später wurden endlich Wahlen abgehalten, und der von den Franzosen und den Angolanern unterstützte Präsident aus dem Norden unterlag haushoch! Wir machten Freudensprünge. Man hat ihn fast aus dem Land gejagt, schließlich ging er ins Exil nach Frankreich. Jetzt regierte ein Mann aus dem Süden. Da er wütend auf die Franzosen war, weil sie seinen Konkurrenten aus dem Norden unterstützt hatten, überließ er die Förderung unseres Öls den Amerikanern. Das gefiel den Franzosen nicht, denn immerhin waren sie unsere Kolonialmacht! Und deshalb besuchten diese Franzosen täglich den ehemaligen Präsidenten aus dem Norden in seiner Residenz in Paris. Sie versprachen ihm, alles zu tun, damit er erneut an die Macht käme. Doch wir konnten uns nicht vorstellen, wie einer aus dem Norden wieder Präsident unseres Landes werden könnte. Die Amerikaner waren überall. Sie versuchten, uns Englisch beizubringen, doch das funktionierte nicht, weil die Franzosen uns während der Kolonisation einen falschen Akzent verpasst haben. Den Amerikanern sagte man, sie könnten unser Öl nach Belieben ausbeuten, aber wir würden auf keinen Fall ihr merkwürdiges Englisch lernen, das durch die Nase gesprochen wird, als hätte man Grippe. Ihnen war das egal, sie schlossen Verträge mit unserem Präsidenten aus dem Süden, und dieser Präsident unterzeichnete alles, ohne zu begreifen, dass er unsere gesamten Ölvorkommen verkaufte und dazu alles, was man in Zukunft entdecken würde.«

Fünf Männer in Militäruniform kommen herein und setzen sich hinten an einen Tisch. Der Unbekannte beobachtet sie einen Moment lang. Dann senkt er die Stimme, wohl wissend, dass wir beide im Gefängnis landen würden, wenn er weiter laut daherredete.

»Fünf Jahre später mussten wieder Wahlen organisiert werden. Unser Präsident aus dem Süden sagte, er wolle ein zweites Mal antreten. Doch der ehemalige Präsident aus dem Norden kam schnell aus Frankreich zurück, um mit Unterstützung der Franzosen abermals zu kandidieren. Unglücklicherweise fanden diese Wahlen nie statt. Der Präsident aus dem Süden behauptete, dass die Bedingungen für Wahlen nicht gegeben seien, und gab sein Mandat nicht ab. Der ehemalige Präsident aus dem Norden erwiderte, man müsse diese Wahlen abhalten, koste es, was es wolle. So stürzten wir in einen zweiten Bürgerkrieg, den der Präsident aus dem Süden verlor, sodass die Leute aus dem Norden wieder an die Macht kamen und sie bis zum heutigen Tag innehaben …«

*

Seit einer Weile habe ich aufgehört zu essen, da mir der Kopf schwirrt von den Geschichten aus dem Bürgerkrieg und den gehässigen Beschimpfungen, die mein Gastgeber gegen seine erklärten Feinde ausstößt, die Leute aus dem Norden. Man kommt wirklich kaum zu Wort, der Unbekannte ist dermaßen überzeugt davon, alles zu wissen, dass sich jedes Gespräch um seine Person drehen muss. Meine Bierflasche ist noch immer voll.

»Trinkst du dein Bier nicht?«

»Danke, ich lass' mir Zeit.«

Er ruft die Kellnerin und hält ihr meine Flasche hin:

»Stell sie in den Kühlschrank, ich trinke sie morgen selbst!«

Er blickt auf seine Armbanduhr und ruft:

»Wie die Zeit vergeht! Entschuldige bitte, aber ich

muss zur Messe in die Kirche La Source du Salut im Fouks-Viertel. Kommst du mit? Weißt du, bei diesen Messen gabele ich die Mädchen auf! Du tust, als würdest du beten, und pirschst dich langsam an, ohne dass es jemand bemerkt! Komm mit!«

»Nein, danke, ich muss mich ausruhen, der morgige Tag wird anstrengend, ich bin in meiner alten Schule …«

Er verlangt die Rechnung, die Kellnerin beeilt sich, sie zu bringen. Er wühlt in den Innentaschen seines Sakkos, dann in seinen Hosentaschen:

»Mist! Mein Geldbeutel! Man hat mir den Geldbeutel gestohlen! Dieses Pack aus dem Norden hat meinen Geldbeutel gestohlen!«

»Sie sind uns doch gar nicht nahe gekommen …«

»Ich kenne das Pack aus dem Norden, sie sind imstande, aus der Ferne zu stehlen! Hör mal, Bruder, kannst du heute zahlen, und ich lade dich unter der Woche mal ein?«

Die Kellnerin und der Wirt stehen am Tresen und lachen, als sie sehen, wie ich Geld herausnehme und auf den Tisch lege.

Während ich das Gasthaus verlasse, folgt mir der Unbekannte und flüstert mir zu:

»Du kannst morgen vorbeikommen, ich werde da sein. Hast du die beiden Prostituierten vorhin gesehen? Ich werde sie für uns reservieren. Du nimmst die mit der helleren Haut, ich begnüge mich mit der Schwarzen, keine Rede. Ich zahle, mach dir darum keine Gedanken …«

DER CLUB DER TOTEN DICHTER

Am späten Vormittag stehe ich vor dem Gymnasium, wo ich zwischen 1981 und 1984 drei Jahre lang die Oberstufe besuchte. In meinem Notizbuch war es auf der Liste der Orte, die ich während meines Aufenthalts aufsuchen wollte, rot angestrichen, ebenso wie die Hütte meiner Mutter und das Rex-Kino. Bestimmt, weil diese drei Orte für mich stets untrennbar miteinander verknüpft waren. Das Haus meiner Mutter habe ich mehrmals aufgesucht, weil dort alles angefangen hat und wegen der familiären Bindungen. Außerdem wollte ich unbedingt das Rex-Kino wiedersehen – zumindest das, was davon übrig ist –, wegen der kollektiven Träume, die uns früher in diesem Kinosaal übermannten, dessen Radau nie in mir verstummt ist.

Ich betrete das Schulgelände in der Hoffnung, mich noch einmal in jene Momente zurückversetzen zu können, in denen sich unser Denken durch die Weltgeschichte, durch die Geografie der entlegensten Regionen, die vertrackten Zeichen der Mathematik, die naturwissenschaftlichen Phänomene und die Entdeckung des Imaginären über den Umweg der Literatur weit über unsere Lebenswelt hinauswagte.

Als ich mich dem Gebäude nähere, wird mein Herz schwer, denn ein untröstliches Gefühl steigt in mir auf, dasselbe, das ich einst empfand, als ich das Collège – die Mittelschule – und damit die kurzen Hosen und Plastiksandalen hinter mir ließ und diese Stätte zum ersten Mal betrat, bekleidet mit einem Hemd und einer beigefarbenen Hose – meiner Schuluniform – und mit richtigen, festen Schuhen an den Füßen, die meine Mutter am Vorabend poliert hatte, bevor sie mir zeigte, wie ich den Fuß abrollen musste, damit ich sie nicht zu schnell ramponierte, denn sie mussten das ganze Schuljahr über halten und auch im Folgejahr noch tragbar sein.

Ich erinnere mich, dass ich beim Eintritt in dieses Gymnasium das Gefühl hatte, aus heiterem Himmel in einer anderen Welt gelandet zu sein wie ein ängstliches Vogelküken, das unter fremdes Geflügel geraten und dem schon der Flaum abhandengekommen war. Gewöhnlich suchte ich Schutz unter den Kokospalmen im zentralen Pausenhof und wartete, dass die Glocke das Ende der Pause verkündete.

Überzeugt, ich könne meinen Klassenkameraden nicht das Wasser reichen, setzte ich mich während der ersten Wochen auf die hinterste Bank im Klassenzimmer, bis eines Tages der Chemielehrer – ein Fach, das ich fürchtete – mich aufforderte, in der ersten Reihe Platz zu nehmen, weil ich, wie er anführte, groß genug sei, um bei den Experimenten die Reagenzgläser vorzuzeigen. Ich war gerade sechzehn geworden, und im Gegensatz zu gleichaltrigen Schülern, die gegen ihre Eltern rebellierten, äußerte sich meine pubertäre Krise darin, dass mir eine Stimme einflüsterte, mit höherer Bildung würde ich mich von meiner Familie loseisen können, denn in der Oberstufe begann die Auswahl derer, die eines Tages fortgehen würden, weit weg von ihrer Heimat, um nie wieder zurückzukommen.

Der Atlantische Ozean, der direkt hinter dem Schulgelände lag, und der Wind, der die Kokospalmen im Pausenhof durchschüttelte, verstärkten dieses Gefühl noch. Ständig das Meer zu sehen, die polnischen Seemänner mit ihren derben Tätowierungen, die über einen üppigen Fang jubelnden Fischer aus Benin, die von den hohen Wellen aufgeschreckten Albatrosse und die im Hafen vertäuten Schiffe mit ihren schlaffen Segeln, all das löste nach und nach meine Bindung an diese Stadt. Im Grunde hegte ich den Traum wegzugehen, ohne dass ich wusste, wie, wann und wohin. Ich wollte unter den vielen Schülern allein sein und unsichtbar dort, wo ich sie um einen guten Kopf überragte, sodass ich immer wieder für einen Sitzenbleiber gehalten wurde, obwohl ich zu den Jüngsten der Klasse gehörte.

Um spöttischen Bemerkungen zu entgehen, wanderte ich manchmal eine Stunde vor dem Unterricht barfuß über den Strand. Wenn ich einige Minuten gelaufen war, machte ich kehrt und versuchte dabei, den Fuß dort hinzusetzen, wo ich zuvor meine Fußspuren hinterlassen hatte. Ich wusste, dass dies bei den Schülern, die später am Strand entlanggingen, Panik erzeugte, weil sie sich einbildeten, ein Meeresmonster, halb Mensch, halb Tier, das an den Füßen vorne und hinten Zehen hatte, mit denen es jeden abhängen würde, der es einfangen wollte, treibe in der Gegend sein Unwesen. Die Schüler würden laut schreiend Reißaus nehmen, während ich mir in meinem Winkel ein schallendes Lachen verkneifen müsste …

*

Über dem höchsten Gebäude der Schule sehe ich einen Schriftzug, der mich überrascht: *Lycée Victor Augagneur.* Sosehr ich mich auch bemühe, die Erinnerungen zu entwirren, die das Gefühl durcheinandergewirbelt hat, nach achtundzwanzig Jahren wieder hier zu stehen, bin ich sicher, dass die Schule damals, als ich sie besuchte, nicht so hieß. Das dienstälteste Gymnasium der Stadt hat also wieder seinen Namen aus den 1950er-Jahren angenommen und ehrt damit Jean Victor Augagneur, Arzt, Bürgermeister und Abgeordneter von Lyon, dann Gouverneur von Madagaskar, der danach mehrere Ministerposten während der III. Republik innehatte, bevor er dann 1919 zum Generalgouverneur von Französisch-Äquatorialafrika ernannt wurde. Gut sichtbar erhebt sich sein Name am Hauptgebäude über dem Atlantischen Ozean. Wie viele Passanten bemerken es und nehmen sich Zeit, über den Lebensweg dieser Persönlichkeit nachzudenken? Viele kennen Pointe-Noire nicht anders als mit diesem Gebäude, vielleicht sogar mit dem in Großbuchstaben auf den Dachfirst zementierten Schriftzug. Ich weiche der Frage nach den Gründen für die »Exhumierung« eines französischen Kolonialherrn nicht aus, den in seinem Heimatland, trotz der Ämter, die er bekleidet hat, bestimmt niemand mehr kennt. Zwar ehrt ihn die Stadt Lyon seit den 1930er-Jahren mit einer Straße unweit des Zentralkrankenhauses, die nach ihm benannt ist, doch reicht das aus, um seinen Namen, neben den von Jules Ferry zu stellen, dem emblematischen Verfechter der obligatorischen staatlichen Grundschule, der ungleich bedeutender, aber auch ein erbitterter Verteidiger des französischen Kolonialismus war?

Felsenfest steht er da, Victor Augagneur, von den Bürgern Pointe-Noires ohne Aufhebens aus dem Fegefeuer gezogen. Hier wie im ganzen Land ist die politische Führung davon überzeugt, dass es zur Rückeroberung unseres kollektiven historischen Erbes – und folglich für die Würde unserer seit dem 15. August 1960 unabhängigen Nation – notwendig sei, alles wieder so einzurichten, wie es früher war. Was auch immer das über uns aussagen mochte. So gelangte Victor Augagneur auf die Liste der französischen Persönlichkeiten, deren Namen dank der nationalistischen Politik in unserem Land überdauert haben. In Brazzaville sind neben dem Haus de Gaulles auch Straßennamen versammelt, die französische Militärs und Politiker ehren: Jean Bart, François Joseph Amédée Lamy, Henri Moll, Félix Éboué, Jules Grévy usw. Das Stadion ist nach Jean-Baptiste Marchand benannt, einem ehemaligen Oberstleutnant der senegalesischen Infanterie, Leiter der Expedition »Mission Congo-Nil«, deren Ziel es war, die britische Kolonie am Nil zu verhindern und ein neues Protektorat im Süden Ägyptens zu errichten – eine Expedition, die an der haushohen Überlegenheit der britischen Armee scheiterte. Schließlich muss das Adolphe-Sicé-Krankenhaus in Pointe-Noire genannt werden, in dem meine Cousine Bienvenüe behandelt wird, das nach dem Nachfahren eines Gouverneurs der Kolonien benannt ist, dem Militärarzt Marie Eugène Adolphe Sicé, der nach Französisch-Äquatorialafrika zurückgekehrt war, nachdem er in der Kolonialinfanterie gedient hatte, und der von 1927 an das Institut Pasteur in Brazzaville leitete …

*

Beim Betreten des Schulhofs gedenke ich eines Mannes, der fest in der Erinnerung an meine Schule verankert ist: Jean Makaya, unsere »Pausenaufsicht«. Er weilt nicht mehr unter uns Lebenden, sagt der neue Leiter des Aufsichtspersonals. Er besteht darauf, mich durch das Gebäude zu führen, das mir nun wie ein Labyrinth vorkommt. Wir betreten sein kleines Büro am Hauptflur, der zum Pausenhof führt. Er erzählt von seinem Vorgänger, den er bisweilen respektvoll den »schmerzlich Vermissten« nennt. Er zeigt mir einen Zeitungsausschnitt an der Wand, der von einem gewissen Pépin Boulou unterzeichnet ist:

»Erinnerst du dich an Pépin Boulou?«

Ich zögere kurz und tue so, als dächte ich nach. Der Aufseher befreit mich aus meiner Verlegenheit:

»Doch, du musst ihn kennen! Er hat mir viel von dir erzählt. Ihr wart in derselben Klasse in Haus A, dem neusprachlichen Zweig, und habt 1984 gemeinsam das Abitur in Literatur und Philosophie abgelegt; als man mir sagte, dass du heute vorbeikommen würdest, habe ich im Archiv nachgesehen. Na ja, Pépin hatte nicht das Glück, nach Frankreich zu gehen wie du, er unterrichtet jetzt hier. Es musste ja auch Leute geben, die im Land blieben, damit die Alten die Fackel weiterreichen konnten! Schade, dass er gerade Urlaub hat, er hätte sich gefreut, dich wiederzusehen ...«

Ich sehe mir den Zeitungsartikel an der Wand an, der zu Ehren von Dipanda verfasst wurde. Ich überfliege lediglich den letzten Absatz, denn in einem Nachruf oder einer Hommage ist häufig der letzte Absatz der eindrücklichste. Und so ist es auch hier, denn ich lese Folgendes:

1994 feierte das Victor-Augagneur-Gymnasium sein vierzigjähriges Bestehen. Das Ereignis blieb völlig unbemerkt. Was jedoch nicht unbemerkt blieb, war die Verabschiedung von Jean Makaya alias »Dipanda« in den Ruhestand. Er war als Aufsicht eingestellt worden und arbeitete zwischen 1960 und 1994 an diesem Gymnasium, seine zupackende Art ist heute legendär. Mit einem guten Personengedächtnis ausgestattet, unnachgiebig und immer im Einsatz, hat dieser kleine Mann dem Gymnasium und dem kongolesischen Staat überhaupt vierunddreißig Jahre lang gute und treue Dienste geleistet. Als echtes Fossil an dieser Schule hat der mit Spitznamen »Dipanda« gerufene Pausenaufseher elf Schulleiter und die meisten Schülerjahrgänge kommen und gehen sehen, es gibt keinen, der ihn nicht gekannt hätte. Jeder ehemalige Schüler kann mehr als eine pikante Anekdote über ihn erzählen. Jahrgang 1939, starb er 1998, vier Jahre nachdem er in Rente gegangen war, nahezu unbemerkt von seinen Mitbürgern. Am 29. Juli 2002 wurde er auf Initiative des derzeitigen Schulleiters Ferdinand Tsondabeka auf besondere Weise geehrt. Seitdem trägt das Haus A, in dem traditionell der neusprachliche Zweig unterrichtet wird, seinen Namen. Wie der berühmte Schriftsteller Victor Hugo einst schrieb: »Still hörte er von seinem Grab aus, wie die Welt über ihn sprach.« Nach Jahren des Vergessens und der Gleichgültigkeit ist sein Andenken endgültig wiederhergestellt.

Ich überlege, welche »pikante Anekdote« ich über ihn

zu erzählen wüsste, doch mir fällt auf Anhieb keine ein. Ein paar Bruchstücke, das schon, aber sie sind so verstreut, dass ich nur aus weiter Ferne einen Mann vor mir sehe, der uns alterslos vorkam, der sich hingebungsvoll in den Dienst der Schule stellte und uns mit einem Stock in der rechten Hand einschüchterte, von dem er durchaus Gebrauch machte, wenn er der Meinung war, dass ein Schüler ihm nicht den gebührenden Respekt zollte. Ich habe auch das Bild vor Augen, wie er am Schuleingang prüfte, ob unsere Schuluniformen sauber und sorgfältig gebügelt waren, ob es sich einige Schlingel nicht hatten einfallen lassen, ihren Hemdkragen hochzuschlagen und die Ärmel bis zum Bizeps hochzukrempeln wie die jungen »Taugenichtse« aus den einfachen Stadtvierteln. Zu Beginn eines jeden Schuljahrs versammelte Dipanda die Neulinge auf dem Hof und schwadronierte eine Stunde lang darüber, welches Glück sie hatten, dass sie hier die Schulbank drücken durften:

»Dieses Gymnasium ist ein Stück Stadtgeschichte! Es gehört sogar zur Geschichte unseres Landes und von ganz Afrika!«

Dann betete er die Namen der Persönlichkeiten herunter, die diese Schule besucht hatten: Premierminister, Generäle, Direktoren großer Unternehmen. Er vergaß nicht zu erwähnen, dass 1963 die erste kongolesische Lehrerin an dieser Einrichtung, Aimée Mambou Gnali, ihre ersten Unterrichtsstunden gab:

»Madame Gnali, das war eine Frau! Sie kam drei Jahre nach meiner Berufung zum Aufseher! Ich habe ihr viel geholfen, denn kleine Jungs benehmen sich manchmal schrecklich gegenüber Frauen!«

Dipanda drückte aus, was viele jener Ewiggestrigen dachten, die der Auffassung waren, das Victor-Augagneur-Gymnasium der Fünfzigerjahre sei das »Lycée Louis-le-Grand« der Tropen gewesen. Dieselben Leute zögerten nicht, die an die Schule grenzende Nachbarschaft als »Quartier Latin« des Kongo zu bezeichnen, und zu betonen, wie sehr diese Bildungsstätte Strenge und Rechtschaffenheit verkörpere, alles in allem eine Schule, in der allein die Leistung die Spreu vom Weizen trenne.

Wir gingen auf Abstand zu dieser fortwährenden Beweihräucherung, zumal sie von jenen kam, die in Wirklichkeit der Kolonialschule nachweinten und die alles unter dem Blickwinkel der Vergangenheit sahen. Wenn etwa ein Klassenzimmer eine Auffrischung brauchte, hörte man, wie sie sich auf dem Flur beklagten, wo der Schulleiter Pierre Justin Makosso sie nicht hören konnte:

»Das kommt davon, dass jetzt die Schwarzen die Schule leiten! Wären die Weißen noch da, hätten sie das Dach repariert und die Wände neu gestrichen!«

Für sie war das Victor Augagneur die beste Schule der Welt, bevor mit den Umwälzungen der modernen Zeit alles in die falsche Richtung lief. Das Abschlusszeugnis der Mittelstufe sei früher vergleichbar gewesen mit unserem Abitur, behaupteten sie, und das Abitur in der Kolonialzeit habe sich mit dem dreijährigen Studium an der Marien-Ngouabi-Universität in Brazzaville durchaus messen können. Bei ihnen herrschte eine Art Resignation, und diejenigen, die noch die Kolonialherrschaft erlebt hatten, verleitete diese Haltung zu dem Vorurteil, es sei eine Wesenseigenschaft des »Negers«, faul, chaotisch und leichtsinnig zu sein, und mit seinen zahllosen Defiziten habe der Schwarze eine westliche Ordnung untergraben, die unsere künftigen Nationen in die richtige Richtung gelenkt hätte.

Erinnerten sich diese Ewiggestrigen wenigstens daran, dass der Kolonialist Victor Augagneur, nachdem er an die Spitze von Französisch-Äquatorialafrika gelangt war, den Befehl zur Zwangsverpflichtung aller gesunden Männer entlang der Strecke gab, auf der die Kongo-Ozean-Eisenbahn gebaut wurde? Dieses unselige Bauvorhaben kostete mehr als zwanzigtausend Menschen das Leben und machte zahllose Menschen zu Krüppeln. Eines der sichtbarsten Vermächtnisse dieser gefährlichen Zeit blieb für die Pontenegriner der Bahnhof von Pointe-Noire. Er wurde von dem französischen Architekten Jean Philippot entworfen, demselben, der auch den Bahnhof von Deauville geplant hatte, daher rührt die offensichtliche Ähnlichkeit, die manche zwischen den beiden Bauwerken bemerken.

Es wäre nicht übertrieben, darauf zu beharren, dass Gouverneur Victor Augagneur einer der Initiatoren jener modernen Sklaverei war, die das kongolesische Volk dazu trieb, sein Land zu verlassen und sich im Busch zu verstecken, in der Hoffnung, dem quasi vorprogrammierten Tod zu entkommen. Victor Augagneur wandte alle Mittel auf, um die Mission zu vollenden, die ihm wie keine andere am Herzen lag: Pointe-Noire zur Endstation des Schienennetzes Kongo-Ozean zu machen, also zur Drehscheibe des Mittelkongo, dessen Hauptstadt Pointe-Noire werden sollte, damit die französische Kolonialverwaltung nicht vom Schienennetz des belgischen Kongo und seiner Bahnlinie Matadi-Léopoldville abhängig sein würde.

Victor Augagneur war es nicht mehr vergönnt zu erleben, wie sein Name oben am Hauptgebäude des pontenegriner Lyzeums eingemeißelt wurde. Die Schule wurde 1954 eingeweiht, also mehr als zwei Jahrzehnte nach seinem Tod. Anfangs hieß sie »Klassische und moderne Oberschule«. Dann fiel jemandem auf, dass sie keinen echten Namen hatte und man korrigierte dies. Von nun an hieß sie »Klassische und moderne Oberschule Victor Augagneur« – zu weitschweifig, wie manche meinten. Man einigte sich schließlich auf die schlichte Bezeichnung »Lycée Victor Augagneur«.

Das fortwährende Wechselspiel der Namen war allerdings noch nicht zu Ende, und nichts sicherte Victor Augagneurs Fortleben in der Hafenstadt. Die marxistisch-leninistische Regierung des »unsterblichen« Marien Ngouabi, die im Dezember 1968 an die Macht gekommen war, sollte alles über den Haufen werfen. Tatsächlich predigte man während seiner Herrschaft die »Unabhängigkeit der Ideen« und die Solidarität mit den kommunistischen Brüdern in aller Welt, die Proletarier aller Länder sollten sich für den letzten Kampf vereinen. Vor allem musste die »geistige Kolonisierung« ausgerottet und folglich eine systematische Säuberung von allem unternommen werden, was mehr oder weniger an die Herrschaft des weißen Mannes und vor allem an den neuen Feind erinnerte: den Kapitalismus und seine Ideologie der Ausbeutung des Menschen durch den Menschen. Diese Politik sollte ganz oben beginnen, und so hieß das Land unter Marien Ngouabi nicht mehr Republik Kongo, sondern »Volksrepublik Kongo«. Schulen, Verkehrsadern und Bahnhöfe mit Namen von Kolonialherren wurden nach und nach umgetauft und erhielten die Namen kongolesischer Helden oder Gewährsmänner des Kommunismus. Das Collège, an dem ich die Hochschulreife erlangen sollte, hieß »Collège des Trois-Glorieuses« zum Andenken an drei Tage – den 13., 14. und 15. August 1963 –, in denen kongolesische Gewerkschafter und ihre Anhänger den ersten Präsidenten unseres Landes, Fulbert Youlou, einen polygamen katholischen Priester, der uns ein Einparteiensystem aufzwingen wollte, dazu brachten, abzudanken.

Als ich 1981 in die erste Klasse der Oberstufe aufgenommen wurde, hatte die Schule schon ihren Namen geändert. Sie hieß seit 1975 »Karl-Marx-Gymnasium«. Präsident Marien Ngouabi wurde 1977 von seiner Entourage ermordet, doch die Politiker, die ihm folgten, behielten seine Linie des »wissenschaftlichen Sozialismus«, verbunden mit etwas tropischem Kapitalismus, buchstäblich bei. Man wandte sich an die Sowjets, damit sie uns Mathematik, Chemie, Physik und Philosophie lehrten. Natürlich hielten wir große Stücke auf Lenin, Engels und Marx, andere Philosophen wie Platon, Kant oder Hegel waren geächtet – zu idealistisch nach Auffassung unserer Regierenden –, und sie wurden nur erwähnt, um ihnen die »wahren« Philosophen gegenüberzustellen, jene nämlich, die den »historischen Materialismus« und die »Dialektik« auf den Weg gebracht und herausgeschält hatten, insbesondere die Autoren des Manifests der Kommunistischen Partei, deren Porträts in jedem Klassenzimmer, an den Hauptstraßen und Kreisverkehren des Landes direkt neben dem offiziellen Foto des Mannes auf uns herabblickten, der zugleich Präsident der Republik, Regierungschef und Präsident des Zentralkomitees der einzigen Partei war, der Kongolesischen Arbeiterpartei (PCT). Diese systematisch zur Schau gestellte Nachbarschaft unseres Staatschefs mit Karl Marx und Friedrich Engels vermittelte uns den Eindruck, alle drei Denker seien vom selben Kaliber, obwohl wir von unserem Präsidenten nur Reden hörten und keine Texte lasen, deren philosophischer Tiefsinn uns umgehauen hätte. Für den Durchschnittskongolesen war der Präsident ebenso Philosoph wie Marx und Engels. Anstatt seine Energie darauf zu verwenden, einen Wälzer wie *Das Kapital* von Marx zu lesen oder ein kurzes, aber dennoch tiefgründiges Buch wie Engels' *Ludwig Feuerbach und der Ausgang der klassischen deutschen Philosophie*, konnte man also das marxistisch-leninistische Denken anhand der Reden unseres Staatschefs studieren. Die Schüler zitierten folglich meist den Präsidenten, der selbst Marx und Engels zitierte, und so lernten wir, was einige hinter vorgehaltener Hand als »Philosophie des Elends« bezeichneten.

Der Einfluss der Sowjetunion auf unser Bildungswesen hatte die unmittelbare Konsequenz, dass zwei Sprachen zurückgedrängt wurden, von denen wir meinten, sie seien die der Kapitalisten und müssten daher verbannt werden: Englisch und Spanisch. Stellt sich natürlich die Frage, warum wir weiterhin die französische Sprache benutzten, fast so, als gäbe es ein stummes Einverständnis, dass sie nicht aus der kapitalistischen Welt stamme und eigentlich eine kongolesische Sprache sei.

Jedenfalls wurde Russisch zu der Sprache, die jeder als erste Fremdsprache wählen sollte, zumal die Führung der UdSSR den Kongolesen haufenweise Stipendien gewährte, obwohl es an Kandidaten mangelte und die meisten heimlich davon träumten, ihr Studium in Frankreich fortzusetzen und nicht die Zahl jener zweitklassigen Diplomierten weiter zu erhöhen, die aus Moskau zurückkamen und von der Parteischule angestellt wurden, damit sie die marxistisch-leninistische Ideologie verbreiteten. Um die Schüler dazu zu bringen, sich in Richtung Sowjetunion zu orientieren, meinten einige Lehrer und Mitglieder der PCT:

»Was wollt ihr mit der englischen Sprache, wenn ihr nie nach England gehen werdet?«

Den Leiter des Aufsichtspersonals überrascht es nicht, dass ich ihn darum bitte, mich zu meinem alten Philosophielehrer zu begleiten, der die Schüler des neusprachlichen Zweigs meiner Generation auf diesem Gymnasium unbestreitbar am meisten geprägt hat. Wir nannten ihn »Monsieur Nimbounou« , da wir seinen Vornamen nicht kannten, oder insgeheim bei seinem Spitznamen »Nimble«. Man begegnete ihm mit seinem Aktenkoffer, auf den er ein Bild des *Denkers* von Rodin geklebt hatte, an der Avenue de l'Indépendance vor der überdachten Bushaltestelle. Wenn man ihn fragte, wofür dieses Symbol stehe, antwortete er:

»Wir müssen uns im Leben unablässig hinterfragen, und zwar mithilfe der Gedanken großer Autoren. *Der Denker* von Rodin ist das Vorbild für diese ständige Reflexion, und ihn immer bei mir zu haben zwingt mich zu einer geistigen Disziplin, zu der selbst die Religion ihren Schäflein nicht verhelfen kann ...«

Der oberste Aufseher informiert mich, dass Nimble nicht mehr Philosophie unterrichtet, sondern jetzt Inspektor der Schulaufsicht ist. Er sei heute übrigens auf dem Schulgelände bei einer Versammlung der Lehrkräfte.

Wir gehen über den Schulhof Richtung Aula. Vor dem Eingang zögert der Aufseher, bittet mich, vor der Tür zu warten, und tritt ein, ohne zu klopfen. Keine zwei Minuten später kehrt er zurück, gefolgt von einem Herrn im Anzug.

Für einen Moment erstarre ich, vielleicht noch unter dem Eindruck jener Faszination, die dieser Lehrer früher auf uns ausgeübt hat, wenn er mit seinem Aktenkoffer vor dem Klassenzimmer auftauchte und das Geplapper plötzlich verstummte. Er trat langsam in die Klasse, legte seine Sachen auf ein Pult und setzte sich auf einen Stuhl beim Fenster. Dann schlug er ein Buch auf und begann die Stunde. Sogleich wurde es im Klassenzimmer mucksmäuschenstill. Sein Unterricht stiftete uns zu geistiger Unabhängigkeit an und entfernte sich weit von den Vorgaben der Partei. Er legte Marx und Engels zur Seite und rief kreuz und quer Descartes, Montesquieu, Voltaire, Platon, Kant und Nietzsche herbei. Die Philosophie erschien uns wie eine außerordentliche Odyssee, gewürzt mit unterhaltsamen Anekdoten wie der des Diogenes von Sinope, der in einer Tonne lebte. Monsieur Nimbounou machte sich einen Heidenspaß daraus, uns den Philosophen als einen überaus scharfen Kritiker des Konformitätszwangs vorzustellen, der so weit ging, zu bellen wie ein Hund und in aller Öffentlichkeit zu pinkeln und zu masturbieren.

Und als er mit Epikur den Kult des Genusses heraufbeschwor, hatten wir ein Lächeln auf den Lippen, so wie auch er auf dieselbe schelmische Art schmunzelte, die er sich bis heute bewahrt hat. Er stand auf, setzte eine tiefsinnige Miene auf und sagte zu uns:

»Epikur hatte alles verstanden, er definierte Lust als Abwesenheit von Schmerz. Obwohl ich seine Definition teile, muss ich sagen, dass die Perversion bei manchen Menschen so weit führt, dass sie Lust nur durch Schmerz erlangen. Ich sage euch das, damit ihr lernt, dass ihr jedes Mal zu jeder These, die vorgebracht wird, die Antithese sucht und dann eine Synthese bildet, die die Unabhängigkeit eures Geistes zeigt ...«

Gebannt von seinem Wissen, gründeten wir an der Schule einen Diskussionskreis. Während unserer Gespräche, in denen es auch um Dichtung ging, ahmten wir ihn nach und lasen seitenweise »kapitalistische« Philosophie, die nirgendwo sonst unterrichtet wurde als in unserer Klasse. Es enttäuschte uns, als wir feststellten, dass das Studium des historischen Materialismus nicht halb so viel Freude bereitete, nicht halb so begeisternd war wie die klassische Philosophie. Doch Monsieur Nimbounou konnte dem Unterrichtsprogramm, das vom Bildungsministerium vorgegeben war, nicht einfach die kalte Schulter zeigen. Deshalb riss er die Gedanken von Marx und Engels an und kehrte schnellstmöglich zu dem zurück, was er für die wahre Philosophie hielt, zur Philosophie der Antike.

*

Wir unterhalten uns seit zehn Minuten in der Nähe der Aula. Monsieur Nimbounou spricht von meinen Büchern, von denen er einige gelesen hat:

»Von allen gefällt mir *Stachelschweins Memoiren* am besten. Vielleicht, weil Sie darin, ohne es zu wissen, philosophische Fragen aufwerfen. Können Tiere Philosophen sein? Ist die Philosophie allein eine Angelegenheit des menschlichen Denkens? Darin klingt etwas von dem an, was ich euch damals gelehrt habe …«

Der Leiter des Aufsichtspersonals stimmt mit einem Kopfnicken zu, während ich, um das Thema zu wechseln, Nimble mitteile, dass ich ihn im Ruhestand vermutete.

Er lacht:

»Es gibt noch nicht genug Philosophen in diesem Land, als dass ich mich aufs Altenteil zurückziehen könnte. Ich fürchte wirklich, dass manche bis zu meinem Tod an dem Glauben festhalten werden, man könne leben, ohne zu philosophieren …«

Als ich mich von ihm verabschiede, ziehe ich einen Umschlag hervor und überreiche ihn ihm. Er lächelt wieder und steckt ihn ein. Aus dem Versammlungsraum ertönt eine Stimme:

»Und wir bekommen nichts?«

Nimble dreht sich um, ertappt einige Kollegen, die uns durch die Jalousien belauschen.

»Der Unterschied ist, er war nicht euer Schüler«, ruft er ihnen zu.

Er nimmt mich am Arm und murmelt:

»Ich muss in die Versammlung zurück. Dieser Besuch war eine große Freude für mich … Vergiss nicht: Viele

Philosophen haben die Welt nur interpretiert, jetzt ist es Zeit, sie zu verändern. Das ist vielleicht die einzige Lektion, die ich von Engels behalten habe, für alles Übrige wendet man sich besser der Philosophie der Antike zu ...«

Er kehrt in die Aula zurück, während wir den Rückweg antreten und der Leiter des Aufsichtspersonals mich leise fragt:

»Was befand sich in diesem Umschlag?«

»Ein Scheinchen für ein Bier.«

»Er trinkt nicht ...«

»Es kann auch Limonade sein!«

An der Pforte hat der Leiter des Aufsichtspersonals einen düsteren Blick:

»Wirst du uns wieder einmal besuchen kommen?«

»Selbstverständlich!«

»Ich frage mich, wann? In achtundzwanzig Jahren? Dann sind wir alle tot und diese Schule heißt vielleicht nicht mehr Victor Augagneur! Ich werde dort oben bei dem ›schmerzlich vermissten‹ Dipanda sein...«

Ohne Überzeugung erwidere ich:

»Ich werde versuchen, früher zurückzukehren ...«

DER WEISSE HAI

Nur wenige Bewohner von Pointe-Noire trauen sich im Hafen dorthin, wo ich mich hinwage. Placide Moubembe, ein Freund aus meiner Kindheit, hat mich auf meine Bitte hin hierhergebracht. Normalerweise bleibt er dieser Gegend lieber fern.

Während ich mich langsam dem Wasser nähere, wird er immer panischer und brüllt: »Geh nicht weiter!«

Schon auf der Fahrt in seinem Wagen erinnerte er mich unablässig daran, auf der Hut zu sein. Und er gab mir strikte Anweisungen:

»Wir können den ganzen Hafen abgrasen, wo immer du willst, aber lass uns um Himmels willen diesen verfluchten Ort meiden, wo es überall Felsen gibt. Dort geschehen merkwürdige Dinge. Ich habe keine Lust, dass uns irgendetwas zustößt ...«

Ich dachte, er spiele auf jene Epoche an, in der wir am Strand herumlungerten in der Hoffnung, einen Kamm zu finden, den eine Sirene, die berühmte Mami Watta, dort verloren hatte. Wer ihn findet, wird steinreich werden, besagt die Legende. Die Pontenegriner glaubten damals, dass die reichsten Bürger der Stadt auf den Kamm dieser reichen Frau mit Fischschwanz und langem goldenem Haar gestoßen sein mussten. Aus diesem Grund stürzten die Bewohner der Armenviertel im Morgengrauen zu jenem Pier, wo sie angeblich hauste. Besonders Leichtgläu-

bige beschrieben die Gesichtszüge dieses Wasserlebewe-
sens übrigens mit solcher Genauigkeit und Detailtreue, als
hätten sie die Sirene persönlich erblickt. Sie war, je nachdem, eine Blondine oder auch schwarzhaarig oder vielleicht eine Frau mit lehmbrauner Haut. Sie war riesengroß,
tauchte unversehens aus einem im Meer klaffenden Graben auf und ruhte sich wenige Zentimeter entfernt vom
Pier aus, wenn alle Schiffe ausgelaufen waren. Mit ihrem
durchdringenden Blick beleuchtete sie erst die ganze Côte
Sauvage, bevor sie sich auf dem Sand ausstreckte und ihr
Haar kämmte. Um welche Uhrzeit musste man wach sein,
um ihr zu begegnen? Manche sagten, um Mitternacht herum, oder auch gegen zwei Uhr früh. Andere behaupteten,
man träfe sie gegen vier Uhr morgens an. Deshalb wagte
sich niemand mehr um diese Uhrzeiten in diese Gegend.

Nein, Placide spielte nicht auf Mami Watta an, sondern
auf ein anderes Rätsel:

»Dieser Ozean birgt Dinge in seinem Bauch … Bruder,
das Meer bleibt gefährlich und kennt kein Erbarmen.
Weißt du, warum das Wasser salzig ist?«

»Ich habe gehört, dass …«

»Ja, der Salzgeschmack des Meeres kommt von den
Tränen unserer Vorfahren, die weinten, als sie mit Skla-
venschiffen auf ihre verhängnisvolle Reise geschickt wurden.«

Nachdem wir durch den Hafeneingang gefahren waren
und geparkt hatten, wirkte er beunruhigt:

»Heute ist ein schlechter Tag, um am Meer entlangzu-
schlendern. Es ist fast niemand da, und die Schiffe sehen
aus wie Geister, die uns anschauen und nicht zögern wer-

den, uns ins Wasser zu stoßen. Ich werde nicht mit zu den Felsen gehen …«

Ich war so beharrlich, dass er schließlich die Waffen streckte:

»Gut, lass uns gehen, aber nicht zu dicht ran!«

*

Um mich herum sind Felsen, an denen die Wellen verlaufen. Als ich mich nähere, wird das Meer plötzlich still. Ich weiß beim besten Willen nicht, wovor sich Placide an diesem Ort fürchtet, der so ruhig ist, dass jeder Tourist davon träumen würde, den ganzen Nachmittag hier zu verbringen.

Ich drehe mich um: Placide winkt mir, damit ich zu ihm zurückkomme, aber ich bleibe, wo ich bin, schaue auf die Weite des Meeres und stelle mir vor, was seine Tiefen bergen.

Ein Kormoran lässt sich unweit von mir nieder, ich drehe den Kopf und beobachte ihn, und genau in diesem Moment bricht eine riesige Welle von irgendwoher an den Felsen und meine Hose wird nass. Von ferne kommt ein anderer, noch eindrucksvollerer Brecher mit schwindelerregender Geschwindigkeit auf mich zu. Ich weiche zurück, renne zu meinem Freund, dessen Gesichtszüge vor Schreck erstarrt sind:

»Was habe ich dir gesagt? Hast du das gesehen? Glaubst du, das ist normal, diese beiden Wellen? Dieser Küstenabschnitt ist das Reich der Finsternis, hier hat das Meer Zähne und zermalmt alle, die seine Ruhe stören. An diesem Ort hat man auch die Leichen der Ertrunkenen gefunden. Egal, wo du in diesem Gewässer stirbst, man wird deinen Leichnam hier herausfischen! Alle Zauberer der Stadt kommen hierher, um ihr Ding zu machen, und deshalb wollte ich nicht, dass wir dieser Todeszone zu nahe kommen. Das Wasser sieht friedlich aus, aber sobald jemand auf diesen Felsen ist, gerät es in Wallung und verschlingt ihn mit einer Welle, die so hoch sein kann wie ein fünf- oder sechsstöckiges Haus, glaub mir!«

Der Kormoran, den ich gesehen habe, fliegt jetzt über unsere Köpfe davon. Placide sieht ihm hinterher und zieht eine Schlussfolgerung, die mich erstarren lässt:

»Diese Vögel arbeiten mit den Meeresgeistern zusammen. Sie sind ihre Komplizen, sie zeigen den Seeungeheuern, dass Menschen da sind! Sie wollen dich ablenken, und wenn du ihnen zu lange nachschaust, überfällt dich ein Schwindel und du endest im Bauch des Meeres! Der Vogel, der gerade vorüberflog, ist enttäuscht, weil er nicht bekommen hat, was er wollte: nämlich dich! Komm, lass uns zurückgehen, besser, wir trinken ein Glas im Rex-Viertel …«

*

Am Abend, nach einem Glas im Paysanat, setzte mich Placide vor dem Gebäude des Institut français ab. Ich brachte kein Auge zu. Ständig dachte ich an die beiden Wellen und fragte mich, was bei der dritten geschehen wäre, wenn ich auf den Felsen stehen geblieben wäre …

Ich habe keine Erinnerung daran, in meiner Kindheit an der Côte Sauvage gebadet zu haben. Zusammen mit anderen Kindern wagte ich mich nur dorthin in der Hoffnung, von den Fischern aus Benin als Gegenleistung für unsere Hilfe beim Entladen ihrer ghanaischen Pirogen Sardinen, Makrelen oder eine Seezunge zu bekommen, die ich meiner Mutter mitbrachte. Wir trieben uns dort auch in der heimlichen Absicht herum, halb nackte Frauen zu beobachten, besonders Weiße, von denen die Erwachsenen behaupteten, sie verstünden es nicht, ihre »Niederlande« zu verbergen, und entblößten, was sie hatten, sobald sie sich mit Sonnencreme eingeschmiert hatten. Unsere Neugier bewegte sich an der Grenze zur Obsession, denn wir wollten unter allen Umständen wissen, ob Blondinen auch einen blonden Schamhügel hatten und ob die Rothaarigen »unten herum« ebenfalls rot waren. Die Erwachsenen waren von der Behaarung so fasziniert, dass man sie flüstern hörte: »Heute habe ich ein Mädchen aufgerissen, Junge, Junge, die ist schön! Sie hat überall Haare, und sie sind lang, sie schimmern und sind ganz glatt!«

Natürlich mussten wir uns anschleichen, um irgendetwas zu sehen, denn diese Frauen rasierten sich vor dem Sonnenbad. Von unserer Aufdringlichkeit überrascht, schimpften sie uns aus und beschwerten sich beim Wachmann der Côte Sauvage, der uns vom Strand vertrieb.

Dass viele von uns wie ich niemals im Meer badeten, lag daran, dass wir bis ins kleinste Detail den Empfehlungen der Fetischeure des Viertels folgten, wie den Gefahren eines Verlusts unserer Körperkraft zu begegnen sei. Tatsächlich suchten wir häufig Rat bei ihnen, und sie fertigten Talismane für uns an, damit wir bei Raufereien unbesiegbar waren. Mit diesen Talismanen kippte ein Gegner aus den Latschen, sobald man ihm einen Kinnhaken verpasste, oder er war so benebelt, dass er anfing, den Müll ringsum einzusammeln. Von einigen dieser Talismane, die in den entlegensten Dörfern des Landes wie Mayalama, Mpangala oder Boko hergestellt wurden, hieß es, sie seien so stark, dass von einem Baum die noch unreifen Früchte herabfielen und die Blätter welk würden, wenn man damit auf sie einschlug. Ab dem vierzehnten Lebensjahr ließen sich die meisten Jungen verführen und statteten sich mit einem Fetisch aus. Man brauchte nur mit einem Liter Palmwein, derselben Menge Palmöl, einem Päckchen Gillette-Rasierklingen, Kolanüssen, Peperoni und Kohle zu einem Fetischeur zu gehen. Der Zauberer holte sein Arsenal an Amuletten heraus, murmelte geheimnisvolle Worte, zündete Kerzen an und forderte einen auf, ihm die Handgelenke entgegenzustrecken. Er ergriff eine Rasierklinge und machte damit an jedem Handgelenk drei kleine Schnitte. Wenn das Blut hervorquoll, streute er ein schwarzes, brennendes Pulver darauf. Man durfte nicht schreien und musste zeigen, dass die Kraft in einen eindrang. Um den Schmerz zu überwinden, forderte der Fetischeur einen auf, Kolanuss zu kauen und ein Glas Palmwein zu trinken. Man bezahlte ihn für seine Arbeit, dann listete er die Dinge auf, die man nicht tun durfte: nicht unter das Bett schauen, nicht mit dem linken Fuß zuerst aufstehen, sich nicht an Frauen heranmachen und vor allen Dingen nicht an der Côte Sauvage baden. Wie man überprüfte, ob die Kraft in einem war? Der Fetischeur verpasste einem mehrere Ohrfeigen. Von einem bestimmten Moment an fiel der Körper in Trance, und man trat aus sich heraus. Dann bekam man die Anweisung, eine leere Flasche zu ergreifen und sie auf dem eigenen Kopf zu zerschlagen. Wenn das Glas zerbrach, ohne dass man sich verletzte, war die Übertragung vollständig gelungen. Danach lag es an einem selbst, mit jemandem auf der Straße Streit zu suchen, um sich Gewissheit darüber zu verschaffen, dass man so stark war wie Zembla, Tarzan und Blek le Roc zusammen …

In Wirklichkeit war die Côte Sauvage für die Pontenegriner seit jeher Gegenstand finsterster Spekulationen. In ihren Köpfen war das Meer der Ort, an dem sich die Zauberer der Stadt versammelten, um die Liste jener aufzustellen, die im Verlauf des kommenden Jahres sterben sollten. Wenn jemand an der Côte Sauvage zu Tode kam, wurde dies als ein Mysterium betrachtet, dessen Auflösung in den Tiefen des Ozeans verhindert wurde, wo andere unheilvolle Geister wohnten. Diese hatten die Gestalt von Tiefseebewohnern angenommen und ernährten sich von Menschenfleisch. Sobald ein Leichnam auf dem Meer trieb, streckten diese Kreaturen ihre riesigen Krakenarme aus und fingen ihn, um ihn auf den Meeresboden zu ziehen, wo sie ihn in aller Ruhe verschlangen.

Die Tageszeitungen von damals meldeten in den vermischten Nachrichten, wenn wieder jemand ertrunken war, doch letztendlich stellte sich immer wieder heraus, dass der Leichnam eine Opfergabe war, und manchmal hatte die Familie des Verstorbenen das Opfer in die Wege geleitet. Viele dieser Ertrunkenen waren Albinos, denn die Bevölkerung war überzeugt, diese besäßen übernatürliche Kräfte: So hieß es zum Beispiel, ein Mann, der mit einer Albinofrau schlafe, würde seine Manneskraft zurückerlangen oder reich werden. Bei der Versessenheit, mit der die Bevölkerung Albinos nachstellte, geriet den Opferpriestern aus dem Blick, dass Albinismus kein Fluch ist, sondern eine Erbkrankheit, die ebenso beim Menschen wie bei bestimmten Tieren vorkommt, etwa Amphibien oder Reptilien. An dieser sozialen Ausgrenzung, zu der man uns seit früher Kindheit angehalten hatte, beteiligten wir uns natürlich, und wenn wir einen Albino sahen, erblickten wir in ihm bereits einen zukünftig Ertrunkenen, dessen Leichnam bestenfalls auf dem Strand gefunden würde, falls die Unterwasserkreaturen noch damit beschäftigt waren, die vorausgegangenen Opfer zu verschlingen. Scharlatane von überall her sprangen auf diesen Zug auf, indem sie erklärten, die wirksamste Buße könne nur mit Menschen vollzogen werden, deren helle Haut und deren farblose, rote, hellblaue, orangefarbene oder violette Augen genügten, um ihnen alle Übel der Gemeinschaft anzuhängen. Die Rechtfertigungen unterschieden sich kaum: Albinos seien nicht zufällig geboren, sie seien misslungene Weiße, die das Pech gehabt hatten, bei uns gelandet zu sein, und wenn man sie ins Meer werfen würde, kehrten sie ohnehin zu sich nach Europa zurück, wo sie ihre wahre Hautfarbe wiederbekämen. Das Meer sei wie geschaffen dafür, diese Heimkehr zu bewerkstelligen. Denn es war ja auch dieses Meer, auf dem die Weißen an unsere Küste gekommen waren, um Neger zu fangen und sie weit fortzuschaffen, dorthin, von wo nur die Albinos zurückgekehrt seien, allerdings mit dieser seltsamen Hautfarbe. Wenn man sie nach Europa zurückschickte, leistete man ihnen folglich einen Dienst.

Unter diesen Bedingungen wunderten wir uns kein bisschen, dass keine Albinos unter den Jungen waren, die mit uns an der Côte Sauvage herumstreunten. Wenn ihren Eltern wirklich etwas an ihnen lag, schlossen sie sie lieber zu Hause ein, denn selbst auf der Straße schützte sie niemand vor Steinwürfen, die Hunde gar nicht mitgerechnet, die sich ebenfalls auf sie stürzten und bellten, als stünden sie vor einem Ungeheuer.

Die Côte Sauvage hatte aber auch andere Menschen geschluckt, die ohne Bedenken dem Wasser übergeben wur-

den: die Gelähmten. Ein mindestens ebenso schäbiges Bild bot sich, wenn das Meer am Tag nach einer solchen Tat den Leichnam ausspuckte und auch den Rollstuhl des Verstorbenen zurückgab. Irgendjemand las ihn auf, um ihn auf einem der Märkte in den ärmeren Vierteln zu verkaufen, ohne dass jemand ihn nach der Herkunft seiner bereits beschädigten Ware fragte. In Anbetracht der eindrucksvollen Zahl von Behinderten, die auf dem Gesäß durch die Stadt rutschten, musste der Verkäufer nicht lange auf einen Abnehmer warten.

DAS GEMÄLDE

Wenn man im Stadtzentrum die Avenue du Général-de-Gaulle hinaufgeht, gelangt man zum Kassaï-Kreisverkehr mit einer Stele, deren Gedenktafel keines Kommentars bedarf:

Den freien Franzosen der FFL im Mittelkongo, die unter dem Lothringer-Kreuz vereint für die Befreiung ihres Mutterlands kämpften. 18. Juni 1940 – 28. August 1940 …

Pointe-Noire wacht eifersüchtig über seine Vergangenheit als Kolonialstadt, der Kreisverkehr erinnert an die Demarkationslinie zwischen der, wie es damals hieß, »Stadt der Weißen« auf der einen Seite und dem »Eingeborenenviertel« auf der anderen. Die Einheimischen verließen sehr früh am Morgen ihre baufälligen Hütten und begaben sich in die »Stadt der Weißen«, um ihre Arbeitskraft als Gärtner, Küchenchef, Boy etc. zu verkaufen. Der kamerunische Schriftsteller Mongo Beti, der zuerst unter dem Pseudonym Eza Boto veröffentlichte, gehört unbestritten zu den französischsprachigen Autoren Schwarzafrikas, die die Kolonialstadt am besten geschildert haben. In seinem Roman *Die grausame Stadt* ist der Norden von Tanga ein »kleines Frankreich«, das in die Tropen importiert wurde, mit prunkvollen Bauwerken und begrünten Verkehrsadern, während der Süden im schlimmsten Elend dahinvegetiert, ohne Strom auskommen muss und nachts, wenn die Stadt schläft, von der Unterwelt terrorisiert wird.

Das Stadtzentrum von Pointe-Noire ist also gewissermaßen französisches Territorium, worauf die Gedenktafel am Kreisverkehr Kassaï hinzuweisen scheint. Kein Wunder, dass sich zwei Schritte weiter das französische Kulturinstitut befindet – nunmehr »Institut français du Congo à Pointe-Noire« genannt, sehr zum Missfallen der Pontenegriner, die sich fragen, was für Vorteile eine solche Bezeichnung gegenüber der alten bringt, die im Gedächtnis besser verankert ist.

Es ist ein zweistöckiges Gebäude mit vier Wohnungen im ersten Stock: der Wohnung des Institutsleiters und drei weiteren Wohnungen für internationale Stipendiaten, Künstler oder Schriftsteller, die das Institut eingeladen hat. In einer dieser Wohnungen wohne ich seit zehn Tagen, und übermorgen werde ich sie verlassen. An den Wänden des Wohnraums sind einige Werke kongolesischer Künstler ausgestellt. Vergeblich suche ich nach den Namen dieser Künstler, deren Talent wahrscheinlich nie an die Öffentlichkeit dringen wird. Unter den Gemälden ist eines, das mich beschäftigt: Es zeigt eine junge Frau, deren erloschener Blick im Raum Traurigkeit verströmt. Bei meiner Ankunft hatte ich erwogen, das Bild umzuhängen, dann verschob ich das Vorhaben stets auf den nächsten Tag, vielleicht, weil ich zu faul war, oder auch wegen der geheimen Kraft der abgebildeten Frau, von der ich ahnte, dass sie damit nicht einverstanden gewesen wäre. Um ihrem Blick zu entgehen, setzte ich mich zum Schreiben so in den Sessel, dass ich immer nach links blickte. Manchmal wandte ich ihr den Rücken zu, doch es dauerte nicht lange, bis mir eine Stimme zuflüsterte, dass die Frau über meiner Schulter mitlese und die Ursache für die meisten meiner Streichungen sei. Als ob sie sich dieser Bestandsaufnahme der Vergangenheit widersetzte, die ich Tag für Tag vornahm, obwohl sie überhaupt nichts von meiner Kindheit wusste und ich bestimmt älter war als sie, trotz des Alters, das ihr Schöpfer ihrem Gesicht gegeben hatte und das sie in eine vergangene Zeit katapultierte. Da mir nur noch zwei Tage bleiben, würde es mir mehr Gewissensbisse als Wohlbefinden verschaffen, wenn ich diese Frau mit dem erloschenen Blick umhängte. Sie ist da und wird morgen noch da sein, während ich nur auf der Durchreise bin. Der Leiter des Instituts, Éric Miclet, hatte mir versichert, dass er sie bei der Übernahme seines Amts genau an dieser Stelle vorgefunden habe und dass es nicht seine Art sei, an Dingen zu rühren, die sich ausgezeichnet in die Umgebung einfügten. Er hatte ein wenig spöttisch geklungen, als er bekräftigte:

»Sie ist so etwas wie die Hüterin dieser Wohnung! Sie hat seit Jahren alles gesehen, alles gehört. Doch nie hat sie irgendetwas von den Gästen preisgegeben, die sich hier aufgehalten haben …«

Sobald die Tür aufgeht, runzelt die Frau die Brauen und scheint unzufrieden mit dem Licht. Deshalb habe ich mich bis heute bemüht, die Tür schnell hinter mir zu schließen, sodass diese Person weiterhin so aussah, wie sie sich zeigen wollte: alleinstehend, mit einem finsteren Gesichtsausdruck, der ihr Falten um Lippen und Augen macht.

Bei diesem Gemälde wurde der Hintergrund nicht

ganz ausgearbeitet, einigen Vögeln fehlen die Flügel und der Himmel ist kaum angedeutet. Ich denke ab und zu an den Zeichentrickfilm *Das Gemälde* von Jean-François Laguionie, in dem ein Maler ein Bild unvollendet lässt, auf dem ein Schloss, verschiedene Gärten und ein merkwürdiger Wald zu sehen sind. Es gibt drei Kategorien von Figuren in diesem Film: die Toupins – sie sind ausgearbeitet –, die Pafinis – denen noch etwas fehlt – und die Reufs – die gerade mal skizziert sind. Die Toupins jagen die Pafinis und nehmen die Reufs gefangen. Außer dem Maler ist niemand mehr da, der unter seinen Protagonisten Frieden stiften könnte. Ramo, Lola und Plume machen sich also auf die Suche nach dem Künstler, damit er das Gemälde vollendet …

Ich möchte dem Maler dieses Gemäldes aus dem Kongo allerdings nicht nachstellen. Ich werde mich an das halten, was Éric Miclet mir sagte: nicht an Dingen rühren, die sich in die Umgebung einfügen …

DIE MAGISCHEN WORTE

Jedes Mal wenn ich die Treppe des Institut français hinaufgehe, erinnere ich mich daran, dass ich sie bereits mit zwölf Jahren hinaufgestiegen bin, als es im oberen Stockwerk nur Bücher gab und Leser, die aus den abgelegensten Stadtteilen von Pointe-Noire hierherkamen. In der Zwischenzeit sind beachtliche Umbauten durchgeführt worden, und ich finde mich immer noch nicht zurecht. Der Theatersaal bekam eine neue Funktion, und im Hinterhof des Gebäudes wurde eine neue Bühne eröffnet. Junge Leute kommen früh am Morgen in den Computerraum im Erdgeschoss und gehen erst abends wieder, wenn geschlossen wird.

Dieser Ort war früher die einzige Bibliothek der Stadt, und sie besaß ein Bücherregal mit Kinder- und Jugendliteratur. Dort waren wir häufige Gäste. Ich setzte mich in eine Ecke am Fenster und vertiefte mich in die Lektüre von Comicbänden, deren Helden sich mühsam aus diesem Raum befreiten, in den man sie gesperrt hatte, um dann zu anderen Abenteuern aufzubrechen, denn aus Angst, sie könnten fortgehen und in der Fremde andere Kinder begeistern, hielten wir sie fest. Für uns waren sie lebendig, bestanden aus Fleisch und Blut. Wir betraten die Räume mit dem Gefühl, Pointe-Noire zu verlassen, um eine lange Reise durch eine Fantasiewelt zu unternehmen, deren Gefangene wir waren. Wie viele von uns gaben sich die Namen dieser Helden und ahmten sie nach? Sosthène, ein junger muskulöser Mann aus dem Stadtteil Rex war so ein Fall. Er vergötterte Tarzan so sehr, dass er seinen Namen annahm, doch wir wussten selbstverständlich, dass er nicht Tarzan war, denn jedes Mal, wenn er versuchte, sich von einem Baum zum anderen zu schwingen, stürzte er ab und humpelte danach tagelang. Zembla war uns als Held am nächsten, sein Name kam uns »sehr afrikanisch« vor, verglichen mit den Namen Tintin oder Blek le Roc. Wir hatten eine Schwäche für seine Freunde Rasmus, Pétoulet, Takuba, Satanas, Bwana und vor allem für Yéyé, ein Kind, das so schwarz war wie wir und dem wir wünschten, dass ihm nichts Schlimmes passieren möge. Bei den Missgeschicken des Zauberkünstlers Rasmus bogen wir uns vor Lachen. Wenn er wieder einmal seine Zaubertricks vermasselte, waren wir gerührt und hofften, dass es ihm eines Tages gelingen möge, der größte Zauberkünstler der Welt zu werden. Viele Freunde von Zembla waren Tiere – was uns in unserem Glauben bestärkte, dass wilde Tiere eine Seele besaßen, dass die menschliche Rasse aus ihnen hervorgegangen war und dass jeder von uns einen tierischen Doppelgänger hatte, der irgendwo versteckt im Wald lebte. Das Känguru Pétoulet erschien uns wunderlich, denn eine solche Tierart gab es bei uns nicht und es kam von einem Kontinent, den wir nicht auf der Landkarte finden konnten, die im Klassenzimmer an der Wand klebte. Pétoulet war in unseren Augen deshalb das friedlichste unter allen wilden Tieren. Während der Löwe und der Panther Fleischfresser waren, war Pétoulet das, was man heute als einen Vegetarier bezeichnen würde. Trotzdem musste Pétoulet zur Jagd gehen, um die Bande zu ernähren, die Zembla umgab, besonders den Vielfraß Satanas.

Natürlich jagte uns der Löwe Bwana Angst ein, doch er war keineswegs so bösartig wie in den Sagen unserer Heimat, in denen das Raubtier Kinder verschlang, bis das jüngste von ihnen, dem die Waldgeister zu Hilfe kamen, den Löwen niederstreckte. Die Bezeichnung Bwana – die auch bei Tarzan vorkam und ursprünglich auf Suaheli »Herr« bedeutete – war für uns kein Schimpfwort, auch wenn sie zum Symbol der Unterwerfung unter die Herrschaft der Kolonialherren geworden war.

Ich wusste nicht, dass man in einer Bibliothek Bücher nach Lust und Laune lesen konnte, indem man sich beliebig bei den Werken bediente. Ich hielt mich an das Alphabet und begann meine Lektüre klassischer Autoren der französischen Literatur bei denen, deren Name mit A anfing. Dort standen *Der Große Meaulnes* von Alain-Fournier und Jean Anouilhs *Antigone*. Von Guillaume Apollinaire gefiel mir nur das Gedicht *Der Pont Mirabeau*. Auch von Louis Aragon las ich nur das Gedicht *Elsas Augen* aus der gleichnamigen Gedichtsammlung. Ich erinnere mich, Antonin Artaud und Marguerite Audoux ausgelassen zu haben, um schnell mit Marcel Aymés *Kater Titus erzählt* beginnen zu können, dessen Held mich begeisterte, weil er es regnen lassen konnte. Ich bewunderte auch Garou-Garou, der durch Wände ging. Artaud und Audoux hatte ich deshalb übersprungen, um rasch zu Balzac zu gelangen, dessen Romane in dieser Bibliothek viele Regalmeter ein-

nahmen. Bei dem Tempo wäre ich, hätte ich nicht einige
Schriftsteller ausgelassen, nie bis zu Zola gekommen. Jedes Mal wenn ich einen Leser mit einem Werk Zolas sah,
fragte ich mich, wie er es angestellt hatte, sich durch alle
Romane der Bibliothek zu lesen. Um mich zu beruhigen,
sagte ich mir, dass er gemogelt hatte, dass er mit den Werken Zolas angab, um die Mädchen zu beeindrucken. Und
folglich überflog ich, wenn ich allein war, meine *Contes
du chat perché*, doch sobald ein Mädchen auftauchte,
schlug ich die Seiten von *Germinal* auf und setzte eine
Miene auf, als wäre ich so fleißig gewesen und hätte mich
durch die ganze Bibliothek gelesen. Wenn einer meiner
Schulkameraden mich ansprach und sich wunderte, warum Marcel Aymé auf meinem Tisch lag, hatte ich natürlich eine Antwort parat: »Ich habe alle Bücher von A bis
Z gelesen, und jetzt lese ich die ersten und die letzten noch
einmal …«

Als ich später nach Nantes kam, um mein Jurastudium
fortzusetzen, stieß ich eines Freitagabends im Fernsehen
zufällig auf die Literatursendung *Apostrophes* mit Bernard
Pivot als Moderator. Ich sprang aus meinem Sessel auf, als
ich bemerkte, dass er Jean Dutourd zu Gast hatte, dessen
Une tête de chien (»Ein Hundekopf«) ich gelesen hatte. Der
Roman handelt von einem Jungen, der mit seinen großen
Ohren aussieht wie ein Cockerspaniel und deshalb in der
Schule, während seines Militärdiensts und im alltäglichen
Leben allerhand Schikanen erlebt, bis er seine große Liebe
findet. Ich wandte mich an meine französischen Freunde
und sagte:

»Diesen Autor habe ich in Afrika gelesen!«

Einer fragte erstaunt:

»Jean Dutourd? Ist der in Afrika auf dem Lehrplan?«

»Nein, aber er steht gut.«

»Was heißt »er steht gut«?

»In der Bibliothek des Französischen Kulturzentrums von Pointe-Noire unter D, nach Alphonse Daudet, Denis Diderot, Alexandre Dumas …«

»Das verstehe ich nicht!«

Die Überraschung dieses Freundes war so groß, dass ich den Kopf einzog. Ich wollte ihm meine Abenteuer nicht in allen Einzelheiten erzählen, deshalb lauschten wir brav Jean Dutourd, einem schnauzbärtigen Opa mit Brille, der voller Begeisterung über sein soeben erschienenes Buch sprach …

LEBEWOHL, MEINE KONKUBINE

Heute Abend um dreiundzwanzig Uhr startet mein Flugzeug. Ich reise also an einem Sonntag ab, der so ruhig ist, dass selbst die Autos über die Avenue Général-de-Gaulle schleichen, während die Straße unter der Woche eine der meistbenutzten ist.

Vom Balkon aus betrachte ich das Adolphe-Sicé-Krankenhaus, ohne zu merken, dass mein Kaffee kalt geworden ist. Bienvenüe liegt noch immer dort. Ich muss mich von ihr verabschieden, sie würde sich außerordentlich freuen, wenn ich sie aufsuchte, da bin ich mir sicher.

Über der Klinik schnäbeln zwei verliebte Krähen. Bei diesem Paar ist vor allem das balzende Männchen aufgeregt. Sie paaren sich, zeugen Nachwuchs, der ebenso schwarz gefiedert ist wie sie, während von den Kranken einige fortgehen in das Land, in dem die Sonne niemals aufgeht. Während ich ihr Liebesspiel beobachte, denke ich an alles, was ich auf dieser Reise nicht gemacht habe, was ich aber hätte tun sollen. Zum Beispiel auf den Friedhof Mont-Kamba gehen, wo meine Eltern begraben liegen. Jeder andere Sohn hätte das getan. Ich dagegen hatte diesen Besuch nicht auf meiner Liste. Weil Mama Pauline und Papa Roger zu mir gekommen sind. Seit ich hier wohne, sind sie in diesem Zimmer. Sie sehen mir beim Schreiben zu, korrigieren hin und wieder meine Verirrungen und flüstern mir zu, was es festzuhalten gilt.

Außerdem denke ich, dass die anderen Verstorbenen – Onkel René und Onkel Albert, meine Tanten Sabine und Dorothée – böse gewesen wären und es mir nicht verziehen hätten, wenn ich nicht auch ihre Gräber besucht hätte. Und noch ein Grund hat mich davon abgehalten, mich dorthin zu begeben: Es bringt die Toten in Verlegenheit, wenn Lebende ihre Ruhestätte vor dem Totensonntag betreten. Sie ertragen es nicht, wenn jemand einfach ihr Schlafzimmer betritt und sie nötigt, in die passende Kleidung zu schlüpfen, um ihn zu empfangen …

Gestern wollte ich auf keinen Fall jemanden treffen. Ich blieb allein in meiner Wohnung und wanderte zwischen Balkon, Wohnzimmer und Schlafzimmer hin und her. Erschöpft döste ich irgendwann ein und träumte, ich hätte Flügel und flöge durch den Wald von Mayombe nach Les Bandas, dem Dorf, in dem meine Mutter ein großes Feld Maniok und Mais gekauft und ein Haus aus Lehm gebaut hatte. Im Traum teilte mir Jean-Pierre Matété mit, Haus und Feld seien noch immer da und ich solle mich darum kümmern, denn Les Bandas sei kein Dorf mehr: Eine Autobahn verlaufe nunmehr durch das Dorf und führe bis nach Brazzaville.

Ich schreckte aus dem Schlaf hoch, als das Fenster wegen des Windes heftig zuschlug. Lange betrachtete ich das Bild an der Wand: Die traurige Frau lächelte mir zu. Zumindest glaubte ich das in dem Moment, als ich zu ihr trat und spürte, wie sich ihre Gesichtszüge entspannten, ihre Augen sich im Tageslicht erhellten. Plötzlich hatte sie die Gesichtszüge meiner Mutter …

Ich hatte vor, mich am Abend zu betrinken, bis ich vergessen hätte, dass ich in den Tiefen des Königreichs meiner Kindheit herumgewühlt hatte. Wozu das alles? Um jenem jungen Mann zu gleichen, den ich zwei Tage zuvor am späten Nachmittag im Rex-Viertel getroffen hatte, einem Obdachlosen, der glücklich schien? Er wollte fotografiert werden, damit die ganze Welt sah, dass er zum Leben nicht viel brauchte, dass er zufrieden war, wenn er sein Gläschen trinken konnte.

»Ich bin nichts, aber ich bin alles«, hatte er gerufen, »die Straße ist meine Mutter, die Sonne mein Vater. Was soll ich mehr verlangen vom Schicksal?«

Allerdings ist die Straße die Mutter von allen, ebenso wie die Sonne. Er aber war stolz, ein Kind der Straße zu sein. Und ein Kind der Sonne.

»Ich heiße Yannick, ich will dein kleiner Bruder sein … Nimmst du mich als deinen kleinen Bruder?«

Ich hatte gezögert, denn ich fand sein Anliegen sonderbar. Schließlich willigte ich ein. Warum hätte ich auch ablehnen sollen, hatte ich mir früher nicht immer einen Bruder aus Pappmaschee ausgedacht?

Am Abend räumte ich ein wenig auf. Das Wertvollste waren die zerknüllten Blätter, die ich in den Mülleimer in der Küche geworfen hatte. Überall lagen verworfene Notizen herum, und es war unmöglich, sie alle noch einmal zu lesen. Ich stellte mir schon den Blick der pontenegrinischen Zollbeamten vor, wenn sie beim Öffnen des Koffers auf diesen Papierwust stoßen würden. Sie würden mich für einen Geistesgestörten halten oder für einen Spion, der in diesem Durcheinander wichtige Informationen versteckte.

Würden sie ahnen, dass in diesen Passagen, die ich beim Schreiben aus Unentschlossenheit gestrichen hatte, etwas von ihrem Leben steckte?

Ich packte auch die auf eigene Kosten gedruckten Bücher ein, die mir mehrere ansässige Autoren in die Hand gedrückt haben. Ich schwor mir, sie in Europa oder Amerika zu lesen. Man entdeckt immer etwas Bereicherndes im Leiden eines schöpferischen Menschen, der hofft, dass seine Flaschenpost am Bestimmungsort ankommt. Zu wissen, dass ihre Werke mit dem Flugzeug davonfliegen, würde diese Autoren freuen und zugleich beunruhigen. Sie wären glücklich, denn für eine gewisse Zeit trug ich die Bürde ihrer Obsessionen. Doch sie würden auch meine Lektüre fürchten, denn ich hatte sie daran erinnert, dass viele Bücher nicht dafür geschaffen sind zu reisen und sich auflösen, sobald das Flugzeug die Grenze überfliegt. Diese Bücher können nur dort gelesen werden, wo sie geschrieben wurden. Sie haben keinen Pass, sie halten klimatischen Veränderungen nicht stand und finden den Sommer im Norden nicht so heiß wie die Gluthitze der Tropen …

*

Der Taxifahrer packt mein Gepäck in den Kofferraum, während meine Lebensgefährtin die letzten Fotos von der Umgebung des Institut français macht und dann ins Taxi steigt.

Ich betrachte noch die Straßenlampen an der Avenue du Général-de-Gaulle. Ihr gelblicher Schein und die Insekten, die um sie herumwirbeln, machen mich schwindelig.

Im Grunde haben diese Stadt und ich ein lockeres Ver-hältnis, sie ist meine Konkubine, und dieses Mal scheine ich ihr für immer Adieu zu sagen. Ich bin so aufgewühlt, dass mir keine Träne aus den Augen kullert.

Schließlich setze ich mich ins Taxi mit einer Frage, die mich verfolgt und auf die ich keine genaue Antwort weiß: Wann werde ich wieder nach Pointe-Noire zurückkommen?

Postskriptum

Am 15. Juli 2012 erfuhr ich durch einen Telefonanruf von Gilbert, dass Großmutter Hélène gestorben war. Auf den Tag genau drei Wochen nach meiner Abreise aus Pointe-Noire. Die Alte hatte also recht behalten: Sie hatte auf eine weiße Frau gewartet, die sie befreien würde. Wie die anderen Angehörigen habe ich meinen Beitrag zum Begräbnis geleistet, eine Summe, die ich bei Western Union überwies und die Gilbert vor Zeugen dem Witwer, Vieux Joseph, übergab. Man verlangt immer eine Summe von einem Angehörigen, der im Ausland lebt. Als Gilbert mich anrief, stellte er den Lautsprecher an:

»Cousin, ich bin von zehn Personen umgeben, darunter auch Tonton Mompéro und Grand Poupy, könntest du uns mit eigener Stimme sagen, wie viel du uns für das Begräbnis von Großmutter Hélène überwiesen hast?«

Ich nannte die Summe. Er wiederholte sie mit lauter Stimme, damit die anderen ihm später kein krummes Geschäft unterstellten.

Als ich auflegte, sah ich in Gedanken die reglose alte Dame unter ihrem Moskitonetz vor mir, die nach mir gegriffen hatte, als wollte sie sich ans Leben klammern …

*

Wieder hatte ich Gilbert am Telefon. Nur einen Tag nach Großmutter Hélènes Begräbnis ist seine Zwillingsschwester Bienvenüe aus dem Adolphe-Sicé-Krankenhaus entlassen worden. Er klang, als hätte er gerade einen Sieg errungen:

»Denn weißt du, Cousin, als sie ins Krankenhaus kam, fühlte es sich ein bisschen so an, als läge auch ich dort! Wir waren im selben Bauch, sind im selben Fruchtwasser geschwommen! Und gib es ruhig zu: Auch du hattest ein wenig Angst, stimmt's? Deshalb hast du sie nicht besucht, obwohl du gegenüber gewohnt hast! Ich verstehe dich. Ist dir bewusst, dass zum ersten Mal ein Mitglied unserer Familie in diesem Zimmer Nr. 1 lag und das Krankenhaus lebend wieder verlassen hat? Mein Vater, dein Onkel, ist in diesem Zimmer gestorben. Ich hatte Angst und betete jeden Tag, ich war sogar schon so weit, zum Beten in die Kirche der Pfingstler vom Neuen Jerusalem zu gehen, und das will etwas heißen!«

Erste Woche

Zweite Woche

Die vorliegende Übersetzung wurde
unterstützt durch den Centre national du livre.

Die Originalausgabe erschien 2013 unter dem Titel
Lumières de Pointe-Noire bei Éditions du Seuil, Paris.

Bildnachweis
© Alain Mabanckou für die Abbildungen auf den Seiten 20, 38, 44, 76
© Caroline Blache für die Abbildungen auf den Seiten 53, 71, 89, 99,
121, 144, 154, 165, 191, 206, 221, 241, 250, 265

Umschlagmotiv: Hector Mediavilla / Picturetank / Agentur Focus
Typografie und Satz: Frese Werkstatt, München
Herstellung und Umschlaggestaltung: Sieveking, München
Druck und Bindung: CPI – Ebner & Spiegel, Ulm

ISBN 978-3-95438-079-4